BIBLIOTHÈQUE
CHRÉTIENNE ET MORALE,

APPROUVÉE

PAR MONSEIGNEUR L'ÉVÊQUE DE LIMOGES.

4e SÉRIE.

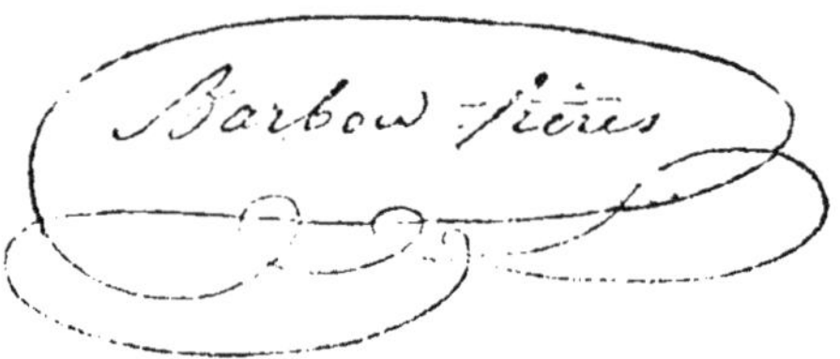
Barbou frères

LE VOYAGE DE PARIS.

LE

VOYAGE DE PARIS.

PAR

Mme J. JUNOT-D'ABRANTÈS.

LIMOGES
BARBOU FRÈRES, IMPRIMEURS-LIBRAIRES.

LE VOYAGE DE PARIS.

Mes enfants, dit un jour madame de Vareux à ses deux filles, si vous voulez, nous ferons un voyage.

— Un voyage ! dirent-elles toutes joyeuses ; oh ! certainement, nous le voulons bien.

— Sera-t-il bien long ? demanda Laure.

— Et bien loin ? demanda Marie.

— Ni loin ni long : nous reviendrons tous les jours coucher chez nous, dîner en famille comme de coutume, et nous recommencerons le lendemain sous de nouveaux frais.

— Quel singulier pays que celui-là, dit Laure, qui ira et viendra, selon notre fantaisie! Maman, vous voulez nous attraper ?

— Non, pas du tout : vous savez bien que je ne mens jamais avec vous, même pour rire. Si vous devinez, je vous le dirai.

— Pour moi, je ne devine pas, dit Laure, déjà tout impatientée.

C'est bien toi ! reprit sa mère en la grondant un peu. Au moindre inconvénient que tu rencontres, tout de suite de l'irritation et de l'humeur. Si tu savais comme l'humeur défigure un joli visage, et surtout un visage de jeune fille!

Laure embrassa sa mère, et promit de se corriger.

— Maman, j'ai deviné.

— Voyons un peu, reprit madame de Vareux.

— Vous allez nous montrer toutes les curiosités de Paris.

— Oui, tu as précisément trouvé la chose ; c'est-à-dire que je vous mènerai à tous les monuments remarquables, et vous conterai l'histoire de leur établissement ou du fait dont il doit perpétuer la mémoire. Vous admirerez avec moi une foule de choses qui, j'en suis bien sûre, passent inaperçues devant vous tous les jours. Rome, que vous avez vue l'année dernière, vous offre plus de beautés réelles, plus de poésie, plus de talents à examiner et de souvenirs merveilleux. Mais nous ne verrons pas seulement le nouveau Paris, nous fouillerons un peu la poussière du vieux Paris gothique, en même temps que nous comparerons la nouvelle ville dorée et peuplée de grandeurs.

Entre Rome et Paris, entre Genève et Londres, vous jugerez celle des quatre villes qui vous plaît davantage. Vous avez déjà vu les autres, il faut bien connaître celle qui est votre patrie, et où tous vos biens sont rassemblés : c'est une science qu'on ne donne pas assez à la jeunesse. Il est curieux de voir des femmes très-instruites d'ailleurs, ayant voyagé dans des pays éloignés, ignorer jusqu'aux moindres détails de leur pays natal, ne sachant pas seulement si les Tuileries n'ont pas été bâties par Charlemagne, ou le Luxembourg, par Clovis; elles connaissent les antiquités de trente villes, et les nôtres, elles les ignorent. Cependant nous avons autour de nous de grands souvenirs aussi : un peuple ne vieillit pas sans laisser des traces de grandeur et d'immortalité. Or, quand nous ne devrions y trouver que l'histoire simple de ce qui s'est passé dans son obscurité, ne serait-ce pas assez pour nous instruire? Qu'est-ce donc quand on est, comme nous, un des premiers peuples du monde?

Il est vrai que le récit de nos actions dans Paris n'est pas fait pour nous enorgueillir. Sans cesse révoltés et insoumis, toujours mécontents de nos maîtres, notre histoire politique n'est pas merveilleuse, en général. Mais au milieu des erreurs de la masse nous trouvons toujours le beau côté de la nature dans les individus. Les révolutions font toujours surgir quelque grandeur, quelques âmes persécutées, qui s'élèvent, développées par le malheur. Vous avez vu cela en suivant le cours d'histoire de France de M. Collard, il y a plusieurs années. Aujourd'hui tout vous intéressera davantage. A dix-huit ans, c'est l'âge où l'on aime le plus à s'instruire, parce qu'on sait déjà beaucoup et qu'on juge précisément par cette demi-science de celle dont on a encore besoin. L'étude de l'histoire est celle du cœur humain, tantôt noble et grand, tantôt injuste, méchant, corrompu ; mais ses défauts doivent s'effacer devant ses vertus. Il y a toujours plus de bien réel que de mal, et ceux qui jugent en noir l'humanité sont ceux qui ne valent rien eux-mêmes.

— Quand commencerons-nous, maman? demanda Laure.

— Mais demain, ma fille : le temps est beau et sûr; il ne fait pas encore une chaleur incommode ; il faut profiter de cette belle saison pour mettre à exécution notre projet de voyage.

Le lendemain, après le déjeuner, madame de Vareux et ses deux filles partirent pour leur course parisienne.

— Nous allons d'abord, dit la mère, examiner les Tuileries. C'est Catherine de Médicis qui les fit bâtir, par Philibert de Lorme, pour en faire un château royal. Que de grandeurs élevées et anéanties! que de rois couronnés et de rois dans la poussière, ou exilés ou proscrits! Tous ne sont pas morts sous ces lambris dorés. Quand Salomon nous peint, au livre de la Sagesse, le néant des choses humaines, il nous conduit naturellement à penser à une demeure royale, où s'élèvent et disparaissent toutes les grandeurs. Regardez cette chambre: depuis que je suis au monde, elle a vu six maîtres, fondateurs d'une nouvelle dynastie, ou dernière puissance d'une autre qui s'éteint. Plus loin vous voyez le Musée, qui renferme les chefs-d'œuvre que nous possédons des grands maîtres de la peinture, de ceux qui sont nés parmi nous. Il est inutile de le visiter aujourd'hui, puisque vous le connaissez depuis long-temps.

» En face, vous voyez la place Louis XV, appelée, en 93, Place de la Révolution, et vous savez pourquoi : c'étaient là qu'étaient exécutés les victimes de la Convention. Là moururent Louis XVI, la reine et tant de milliers d'individus, dont les crimes furent d'avoir ou de la grandeur, ou de la sagesse, ou de l'illustration. Toujours en face, vous voyez l'Arc de Triomphe, qui est enfin achevé. Sur chaque bas-relief, une victoire, et même plusieurs ensemble : ceux des Romains ne disent pas davantage.

» Le sculpteur s'immortalisera par les grandes choses qn'il rappelle : c'est le détail de toutes nos victoires depuis le commencement de notre révolution. Ce qu'il y a de singulier, c'est que, même avant Bonaparte, nos armes furent presque toujours victorieuses, malgré l'incapacité des généraux républicains, ignorants et ineptes pour la plupart. Mais un peuple en révolution a deux fois de la valeur, dit-on.

» Pour suivre les établissements les plus proches de nous et les plus contemporains, nous allons voir la colonne Vendôme, toute construite avec les canons pris sur l'ennemi par Napoléon, pendant la campagne d'Austerlitz. Par une inconcevable petitesse d'esprit, on ôta la statue de l'empereur, en 1814, pous y placer un drapeau blanc; comme si chacun n'avait pas sa place à l'immortalité ; comme si les victoires du grand Condé pouvaient pâlir devant celles de Napoléon, ou faire oublier les siennes. Un grand homme conserve toujours sa page dans l'histoire, en dépit de la nullité qu'il écrase, et qui voudrait bien la lui ravir.

En 1830, elle fut rétablie; mais le drapeau qu'elle remplace n'existe plus parmi nous. En saluant les trois couleurs, donnons un regret au proscrit, si long-temps victorieux, sous lequel notre gloire s'est établie et la France a marché tant de siècles;

devant une grandeur nouvelle, n'oublions pas tant de grandeurs éteintes !

Pour comparer, pour unir le souvenir de nos gloires récentes avec celles de nos vieilles gloires, demain nous monterons en voiture, et nous nous rendrons à la porte Saint-Denis.

— La porte Saint-Denis, maman ! dit Laure tout étonnée ; qu'a-t-elle donc de célèbre? Je ne croyais pas qu'elle pût entrer dans notre voyage autrement que pour l'éviter.

— Vous verrez cela, mon enfant, dit madame de Vareux. Aujourd'hui vous devez être fatiguées, à demain un autre voyage.

On s'entretint toute la soirée du trajet de la journée.

Marie s'étonnait du drapeau blanc sur la colonne impériale; Laure admirait la nouvelle inauguration de la statue de Napoléon.

— Voilà ce que c'est que l'expérience, ma fille, lui dit sa mère : elle nous fait profiter des fautes d'autrui pour les éviter ; bienheureux encore lorsque ce ne sont pas les nôtres qui nous la donnent.

Le lendemain, toutes curieuses de savoir l'histoire de la porte Saint-Denis, les deux jeunes filles furent prêtes de bonne heure, et partirent avec leur mère aussitôt leur toilette achevée.

— C'est Louis XIV qui l'a fait bâtir, dit madame de Vareux, en souvenir du passage du Rhim, ce célèbre passage où le grand Condé fut si vaillant, et le roi si malheureux. Vous connaissez les vers de Boileau à ce sujet, et n'avez peut être pas remarqué ceux qu'il dit à Louis XIV (1), tout en le louant à outrance. Le roi les comprit bien et ne pardonna jamais au poète la leçon donnée au monarque.

» Ces bas-reliefs que vous voyez rappellent les différents dangers de son armée. Je ne vous cite pas les noms des plus braves seigneurs et des plus connus : vous êtes trop savantes historiennes pour que je puisse me permettre une pareille leçon. Cette porte, comme vous savez, mène à Saint-Denis, sépulture des rois de France.

» Il semble que Louis XIV, qui craignait horriblement la pensée de Saint-Denis, ait voulu, en bâtissant cette porte pour y conduire, rappeler à la fois tout ce qu'il regrettait dans le passé et tout ce qu'il craignait pour l'avenir.

» Maintenant vous ne savez pas où je vais vous conduire ? Nous allons à la Halle. Vous ne la verrez qu'en passant, parce que l'examen n'est pas digne de vous ; mais je suis bien aise que vous ayez l'idée de ce lieu extraordinaire.

La voiture de madame de Vareux les conduisit au milieu de la Halle. Il était dix heures du matin :

---

(1) Louis, dans sa grande âme enfermant son courage,
Se plaint de sa grandeur qui l'attache au rivage.

le bruit, les cris des marchandes et des acheteurs, l'assemblage de toutes les disgrâces féminines réunies et déplacées comme pour un spectacle mal choisi; les provisions de toute espèce; des fruits magnifiques, seule beauté de la nature que ce lieu ne décolore pas, posés dans des corbeilles hautes de plusieurs pieds, et entourés de feuillages qui les abritent doucement; des légumes d'une grosseur et d'une fraîcheur admirable, tout cela était intact au milieu de la boue et des coudoiements du peuple toujours en dispute. De belles et fraîches jeunes filles, criant et parlant une langue qu'heureusement on ne comprend pas; ces voix aiguës font tressaillir l'oreille qui se souvient de quarante ans.

Vous voyez ces femmes, dit madame de Vareux; eh bien! les pieds aujourd'hui chaussés de sabots, les mains rouges de travail et d'activité, si vous les voyiez un jour de fête ou de noce d'une d'entre elles, vous ne pourriez les reconnaître. Parées comme des châsses, il n'y a pas une étoffe chez Delile et chez Burty qui soit assez belle pour les contenter. Toutes achètent des robes de velours ou de satin broché; mais remarquez qu'elles choisissent toujours du rose, du blanc ou de l'écarlate. Ces robes sont garnies d'une dentelle en point d'Angleterre, qui vaut souvent 500 francs l'aune. Des diamants aux oreilles et au cou, le soir elles dansent et ont un bal où rien ne manque, où tout est pris chez Tortoni et au café de Paris. Souvent il y a de ces marchandes de la Halle qui ont trente ou quarante mille livres de rente.

— Et pourquoi continuent-elles leur métier ? dit Marie, dont le caractère paisible ne comprenait rien à cette vie tout en dehors.

— C'est que, ma chère enfant, elle y sont habituées, qu'elles s'en font une nature et qu'elles deviendraient tristes et malheureuses si elles ne vivaient au milieu de ce brouhaha continuel. Le jour où elles chaussent les souliers de satin, tu conçois qu'elles en sont gênées, comme lorsqu'au château de Vareux tu mets des sabots pour te garantir de la boue.

» La meilleure philosophie est la leur : elle les fait demeurer dans la condition où elles sont nées. Quand par hasard elles en changent, bientôt elles se repentent de l'avoir fait, et vivent isolées, honteuses, rougissant avec nous et avec leurs anciennes compagnes, qui sont sans pitié pour cette apostasie. On a vu dernièrement une de ces pauvres femmes, rebutée également de nous et des siens, qui avait fini par prendre un petit logement dans une maison donnant sur la Halle, dont l'unique occupation était de regarder par les carreaux ce qui s'y passait, et d'entendre quelques mots échappés et recueillis au hasard. Pour elle c'était une patrie. La Chaussée-d'Antin ou la rue

Saint-Dominique lui paraissait l'exil le plus désolant.

» Nous qui ne sommes pas tenues à la même tendresse envers ce lieu très-peu intéressant, nous allons à Notre-Dame et à l'Hôtel-Dieu; nous passerons par la rue de la Féronnerie, où fut assassiné le meilleur de nos rois; voyez comme elle est étroite et noire. On conçoit que Ravaillac n'eut pas grand'peine pour frapper juste au cœur de Henri IV. Il monta sur une borne, et le tua d'un seul coup, comme vous savez.

» N'est-ce pas que Notre-Dame est un magnifique monument? Voyez ces innombrables figures, placées depuis tant de siècles et toujours intactes jusqu'à nous. Ces deux hautes tours dominent de tous côtés comme une auréole en l'honneur de Marie. Cette église a gardé son nom gothique et plein d'une religion toute gracieuse, *Notre-Dame*; c'est ainsi qu'au temps où elle fut bâtie les chevaliers et les troubadours appelaient la mère de Dieu; le peuple lui a conservé ce nom. Plus religieux que nous pour sa poésie, il ne renonce pas si facilement à ses anciens souvenirs et garde ses usages avec une justesse de sentiments qui devrait nous faire réfléchir sur le prétendu mieux qui nous fait si facilement abandonner les nôtres.

» Il est à remarquer que la seule dévotion extérieure qui nous soit restée est en l'honneur de Marie. L'*Angelus*, cette cloche virginale qui s'entend aux trois parties les plus marquées du jour, ose dominer de son bruit pieux le tumulte profane de nos grandes villes. Symbole de foi qui s'éteint parmi nous, dernière poésie permise à notre siècle sans croyance; l'*Angelus* s'est conservé dans nos usages au sein de l'irréligion et à travers l'oubli de tant de choses saintes: c'est le couvre-feu du XIXe siècle.

» Il y a plusieurs grands souvenirs qui se rattachent à cette église de Notre-Dame. L'histoire de France vous les a tous enseignés; je ne cherche qu'à vous en faire souvenir.

» Allons maintenant à ce bâtiment tout proche, mur mitoyen de l'église métropolitaine: c'est bien là qu'il devait être placé! Un hôpital auprès du tabernacle: la première souffrance à côté du consolateur; la charité, première vertu du chrétien, à côté de sa récompense.

» O mes enfants! n'entrez dans ce lieu qu'avec recueillement, et ayez des sympathies à donner aux malheureux qui s'y trouvent. C'est ici qu'il faut se faire peu de chose et vénérer les grandes misères qui y sont assemblées. Le père de famille y est réduit à recevoir de la pitié le soin que ses enfants ne peuvent lui donner, tant ils sont dénués et misérables; la fille, la mère, isolées comme lui, sont séparées de leur famille; et seuls, dans ces immenses salles à lits pareils, à pitié de commande, ils gémissent ou meurent sans avoir été pleurés dans leur agonie, ou embrassés dans leurs souffrances par ceux qu'ils ont aimés.

» Regardez toutes deux avant de monter dans les salles des malades ; voyez cette statue. Elle représente le premier des bienfaiteurs de l'humanité après Vincent de Paul : c'est M. de Monthion. Vous dire toutes les fondations de charité qu'il a faites ne serait pas possible ; à les vouloir conter en détail, j'en oublierais encore une partie. Son éloge est achevé dans cette statue qui le représente à la porte de l'Hôtel-Dieu.

» Si du haut du ciel on pouvait avoir encore une pensée d'orgueil, il ne pourrait s'en défendre, à la gloire que cette image sanctifiée reçoit tous les jours parmi nous. Mais au ciel on ne pense qu'au bonheur ; on oublie jusqu'à la cause de la récompense. »

Madame de Vareux conduisit ses filles à travers les grandes salles de l'Hôtel-Dieu. Des rideaux blancs entourent les lits des malades, et semblent vouloir faire à chacun une petite maison isolée au milieu de ceux qui les entourent. Les uns, arrivés nouvellement, n'osent encore rien demander ni se plaindre de leur mal, tant ils sont délaissés et tristes de se voir ainsi seuls et entourés de visages inconnus, à ce moment de souffrances où nous ne pouvons supporter même les connaissances qui ne sont pas des amis.

Les autres, à l'heure de l'agonie douloureuse,

cherchent un regard d'affection, et ne trouvent qu'une pitié religieuse, calme comme les âmes qui la leur donnent. Heureux encore : sans la religion ils n'en auraient aucune. D'autres ! encore convalescents, n'ont aucun moyen pour se procurer ces riens inutiles qui sont si doux au malade qui les reçoit, et les demandent en gémissant. Mais l'hôpital ne peut suffire à tant de besoins multipliés, et le pauvre, soulagé à moitié, n'est jamais content, bien qu'on ait fait tout ce qu'on a pu pour le secourir.

— Voyez, dit madame de Vareux, voyez ces bonnes sœurs hospitalières ; elles passent leur vie en ce lieu qui vous serre le cœur ; elles y demeurent heureuses et satisfaites, donnant leurs soins et leur vie tout entière, veillant les pauvres, lavant leur linge, pansant leurs plaies dégoûtantes.

En ce moment une jeune sœur passa près d'elles, portant une lourde marmite remplie de bouillon. Une autre la suivait, distribuant des medicaments et la nourriture aux convalescents. Laure et Marie obtintent des sœurs de charité la permission de les aider dans la distribution, et, mettant toutes deux un tablier blanc, les suivirent dans toutes les salles où elles devaient aller.

Ce fut un bonheur pour les jeunes filles, qui demandèrent à leur mère la permission de revenir encore un autre fois servir les malades.

— Oui, dit madame de Vareux, je le veux bien ;

mais prenez garde, mes chères enfants, la charité a besoin d'ombre et de silence : tout ce qui se voit, tout ce qu'elle fait avec éclat se perd pour le temps et pour l'éternité. Les pauvres sont soignés ici par des êtres qui, ayant, pour cela seul, renoncé à toute autre existence, s'en acquittent assez bien et avec assez de zèle pour que l'aide de jeunes filles comme vous leur soit peu nécessaire.

» Le temps qu'elles passent à vous montrer ce qu'il faut faire, elles l'auraient déjà achevé. La visite des hôpitaux, pour les femmes du monde, m'a toujours paru la chose la plus inutile, et bien près d'une grande erreur. J'entends celles qui y vont chaque jour, car il est bon de connaître la misère sous toutes les formes, pour la soulager selon qu'il nous est possible. Vous y viendrez donc encore, si vous le souhaitez ; mais je ne veux pas que vous en fassiez une habitude.

— Il vaut mieux, dit Marie, aller voir nos pauvres comme nous le faisons, et travailler à la layette de Catherine, qui est si pressée.

— Tu as raison, chère enfant, dit la mère : c'est comme cela que je veux que vous conceviez la charité, quand personne ne voit que vous y songez.

» Mais prenez garde aussi de tomber dans un excès contraire. Il y a des personnes pieuses qui, imaginant toujours quelque contorsion nouvelle pour la vertu, se font un prétexte d'humanité outrée, et n'osent aller visiter les pauvres et les soulager, parce que, disent-elles, on s'en apercevrait. Il y a dans cette pensée un orgueil bien réel que j'aperçois à travers l'humilité dont il est couvert. La simplicité est la plus belle vertu que je connaisse; c'est, si je puis le dire, la vertu elle-même. Pourquoi donc croire faire quelque chose de si héroïque en donnant l'aumône? N'est-ce pas une obligation? n'est-ce pas un bonheur? Et que serait donc le cœur qui l'oublierait? Quelle est l'âme assez malheureuse pour ne plaindre jamais les souffrances d'autrui? Non, mes enfants, faites simplement le bien que vous faites, sans chercher à le montrer, ni sans en exagérer le mystère. Choisissez les pauvres les plus oubliés. Ne parlez jamais de ce que nous faisons pour eux, ni des ouvrages que vous leur destinez. Mais, si cela se devine ou s'aperçoit, continuez tout bonnement sans vous en faire un tourment ou un orgueil, parce que cela ne mérite ni l'un ni l'autre.

— Comme ces salles sont bien tenues! dit Laure; comme tout est propre! Mais qu'est-ce donc que crie cet homme dans les salles, maman?

— Il avertit les visiteurs que l'heure de la visite est passée, et qu'il faut se retirer. C'est une mesure nécessaire sans doute, mais qui me fend le cœur toutes les fois que je viens ici. Les pauvres malades n'ont, comme vous le comprenez, que ces moments de bonheur. Au jour fixé, on vient les voir de midi à trois heures. Vous avez dû remarquer le bruit qui se fait dans cette maison pendant cette visite ; il serait impossible qu'il se répétât tous les jours, parce que d'abord il incommode les malades, et dérange l'ordre établi. C'est ordinairement ici un silence, un recueillement général : on n'entend, dans ces grandes allées couvertes, que le bruit du pas des sœurs et celui de leur chapelet de bois noir. Ce silence est le respect tacite de la pitié envers la souffrance. Ici le pauvre est le maître, et l'hospitalière, la servante. Elle ne doit pas importuner celui qu'elle sert, ni permettre aux autres de le faire.

» En sortant de l'Hôtel-Dieu, nous irons au Luxembourg. Cette demeure était, dans le principe, le palais des ducs de Luxembourg, c'est-à-dire de ceux de cette famille qui habitaient la France. Marie de Médicis fit ajouter un autre palais à celui-là pour quitter le voisinage de Saint-Germain-l'Auxerrois, parce qu'il lui fut prédit qu'elle mourrait près de Saint-Germain. Cette prédiction l'ayant frappée, elle oublia qu'il fallait toujours bien qu'elle mourût quelque part et à côté de quelque chose, et s'établit au Luxembourg. On raconte (je ne vous donne pas cela comme entièrement véridique,) mais enfin on conte qu'au moment de la mort elle demanda les noms de ceux qui accompagnaient le prêtre qui l'assistait, et l'un d'eux s'appelait Saint-Germain. Elle n'avait pas échappé à la prédiction.

» Lui avait-on aussi prédit son exil, sa détresse, et l'isolement dans lequel elle devait mourir ?

» Nous avons eu, depuis quarante ans, bien des jugements de mort rendus dans ce palais du Luxembourg. La chambre des pairs a du malheur depuis qu'elle a perdu son ancienne aristocratie. Mais l'histoire moderne vous a appris tout cela ; je n'ai pas besoin de vous le raconter de nouveau.

» A présent regardez Sainte-Geneviève, cette église qui devint le Panthéon, et qui n'est plus ni l'un ni l'autre. Vous reconnaissez le modèle de la coupole de Saint-Pierre à Rome. Chez nous, les dieux qu'on y mit étaient encore un peu moins raisonnables que ceux de l'antiquité : car enfin la mythologie rappelait quelques vertus. Nous y avons d'abord porté Mirabeau, dont toute l'immortalité fut d'avoir beaucoup d'esprit et fait accepter ses paradoxes comme des vérités. Sa vie privée n'est pas digne d'être connue de vous. Mais le plus curieux, ce fut Marat ; Marat, le plus hideux et le plus féroce des hommes de la terreur : on en fit un dieu, à défaut d'en pouvoir faire un homme. Sa cruauté, sa stupidite méchanceté, sont d'autant plus honteuses à l'humanité qu'il n'avait aucun talent ni aucun génie, et n'était méchant que parce qu'il ne pouvait être grand. Charlotte Corday se sacrifia pour en délivrer la France : elle l'assassina pendant qu'il était dans un bain. On le porta au Panthéon, comme je vous l'ai dit; mais remarquez même la conscience des fous de ces jours déplorables : on l'en retira quelque temps après, son corps fut traîné par les rues, et jeté enfin dans l'égoût de Montmartre : ce fut là son Panthéon.

» Jean-Jacques Rousseau fut retiré d'Ermenonville, où il était enterré, pour y être placé. Vous ne connaissez rien de ce qu'il a écrit, heureusement pour vous, mes enfants, et je vous conseille de l'ignorer toujours. On le mit au rang des immortels pour avoir écrit des livres qui corrompent la jeunesse et lui montrent le mal sous des couleurs trompeuses; enfin il avait encore un côté de l'âme qui ressemblait à la vertu, et il méritait mieux que de reposer à côté de Marat. Son tombeau à Ermenonville, retiré à l'ombre de hauts peupliers, au milieu d'une île ravissante et dans un silence enchanteur, était bien plus en harmonie avec tout lui-même que ces grandeurs sonores qu'il avait toujours détestées.

» Ici vous voyez la Sorbonne : son extérieur n'a rien de remarquable; mais, si vous vous souvenez bien des temps passés, vous remarquerez combien elle fut fameuse et active dans nos révolutions. Les élèves en Sorbonne étaient toujours les premiers révoltés, toujours prêts à faire couler ou leur sang ou celui des autres. Les études fortes et profondes exaltaient leur jeune imagination, et ils voulaient toujours faire quelque imitation grecque ou romaine, sans s'apercevoir que chaque siècle, chaque pays a ses vertus patriotes, qui, jouées par d'autres, deviennent ridicules : ce sont les positions qui font les hommes. Néanmoins je ne veux pas dire par cette pensée que ces élèves n'aient jamais occupé une place méritée dans l'histoire. Vous vous rappelez avec quelle bravoure ils se sont quelquefois conduits, et quelle influence ils eurent aux siècles passés.

» Maintenant nous allons aux Invalides. Quelle belle institution ! comme cette reconnaissance royale est touchante ! La reconnaissance est toujours belle, mais je l'admire plus encore dans ceux qui peuvent si aisément se permettre de l'oublier. Du reste, saint Louis donna à Louis XIV la pensée des Invalides par son établissement des Quinze-Vingts, que nous visiterons aussi.

» Encore un hôpital ! encore des sœurs grises ! Ne vous disais-je pas qu'elles sont vouées au soulagement de toutes les misères humaines ? Ici elles sont les filles du vieux soldat. Il leur raconte ses campagnes, celles où il perdit ou la jambe ou le bras.

» Aidé par elles, il se promène dans les jardins, ou, s'il ne peut plus descendre, dans l'intérieur de la maison.

— Maman, dit Marie en entrant dans l'église, qu'est-ce que tous ces drapeaux de couleurs différentes ?

— Mon amie, ce sont des drapeaux pris sur les ennemis ; la plupart sont des souvenirs que nous devons a Napoléon. Je crois cependant que beaucoup sont encore des drapeaux pris par Louis XIV. Remarquez-vous comme ces deux noms sont presque toujours à côté l'un de l'autre : Louis et Napoléon ?

» Voyez tous ces vieux soldats blessés. Venons examiner comme ils sont soignés, et vous verrez qu'ils ne manquent de rien, ni en santé ni en maladie. L'Etat s'est chargé d'eux.

— Il serait à souhaiter, di Laure, que tous les hôpitaux fussent soignés comme celui-ci.

— Oui, dit sa mère, mais conviens que c'est ici une double justice.

— C'est vrai, maman ; quoique enfin, pour tous, c'est un assez grand droit que celui d'être malheureux.

— Je suis de ton avis : la philanthropie, toute glorieuse qu'elle est d'elle-même, a bien encore à faire pour devenir ce qu'elle se croit déjà ; la charité vaut mieux qu'elle.

» Vous voyez ce logement en face ? C'est celui du maréchal de France gouverneur des Invalides. On donne cette charge au plus vieux, dont la gloire et les anciens services lui méritent l'honneur de commander à ses compagnons d'armes.

» J'aime encore ces canons confiés à leurs soins, et posés à l'entrée de leur demeure comme pour consoler, par leur vue, tant le maréchal que les soldats de ne plus être utiles à leur pays, et de ne plus entendre les bruits de guerre.

» Vous serez étonnées en arrivant aux Quinze-Vingts. J'ai choisi cette heure et un dimanche, parce que je voulais vous donner le spectacle de l'orchestre que vous allez entendre. Ils jouent aujourd'hui une messe en musique de l'abbé Rose. »

En entrant dans l'église des Quinze-Vingts, les deux jeunes filles admirèrent la mémoire de tous ces pauvres gens, qui jouent en parties différentes et dans un ensemble parfait. — C'est le lieu qui renferme le plus de tristesse, dit madame de Vareux; et savez-vous pourquoi? C'est qu'il n'y a ici qu'un seul genre de souffrance, et que tous ces malheureux, chargés de la même infortune, n'ayant pas de plaintes à donner à leurs compagnons, reportent sur eux-mêmes toute la pitié qu'ils partageraient avec une douleur étrangère. Vous pouvez aussi vous étonner de ce que l'établissement est triste et sombre. Si vous pensez qu'il recueille des aveugles, vous en serez moins surprises. On a rapporté les soins et les dépenses sur les plus graves nécessités.

» Vous n'avez pas oublié que cet hospice fut fondé par saint Louis, pour recevoir quinze-vingts gentils-hommes qui étaient revenus aveugles de la Terre-Sainte.

» Savez-vous comment on leur apprend à lire?

— A lire ! dit Marie : cela est curieux.

— Oui, certainement, et aussi vite que nous, vous allez voir.

On les mena dans une salle où plusieurs aveugles, tenant un livre à la main, étaient assis autour d'une table. Un d'eux fut prié de lire tout haut et déploya son livre, qui n'avait pas de caractères noircis, vu l'inutilité de la chose ; mais ils étaient gravés en relief très-saillant. Leur doigt allait tellement vite sur le papier qu'il semblait ne faire que tracer une ligne avec l'ongle.

— Ce qui est bien curieux, dit l'homme qui les conduisait dans l'établissement, c'est de voir un sourd-muet parler avec un aveugle.

— Comment, dit Laure, cela peut-il se faire?

— Comme cette langue se parle avec les doigts, en se tenant la main ils causent ensemble des heures entières. Voulez-vous en faire l'expérience?

— Oh ! bien volontiers,

Le gardien fut chercher un petit sourd-muet, qui demeure habituellement avec les Quinze-Vingts, et la conversation s'engagea du moment qu'ils furent ensemble. On les vit rire, discuter et gesticuler. Rien n'était plus extraordinaire que l'expression de ces deux figures différentes : l'une tout entière dans le regard; l'autre dont tous les traits annoncent la mort du sien et le remplacent par leur mobilité.

— Tous deux ont vaincu la nature, dit la mère,

et s'en sont fait une à défaut de celle qui leur refusa ses bienfaits.

» Les sourds-muets vous intéresseront beaucoup aussi ; si vous voulez, nous irons les voir demain.

— Nos courses tombent dans un triste épouvantable, dit Laure en souriant : je gage que des Sourds-Muets nous irons au Père-Lachaise ?

— Eh ! sans doute, dit madame de Vareux, le triste se trouve partout. A chaque fois que parle l'histoire, il y a un drame à moitié fait et à moitié conté ; quelquefois il est tout entier.

» Parmi les établissements que nous avons vus depuis huit jours, tu t'étonnes, parce que tu as quinze ans, d'avoir parcouru tant de lieux de souffrances, et c'est parce que tu n'as pas fait la réflexion que l'humanité a tant de côtés tristes et de misères réunies, que, pour les soulager toutes, dix institutions différentes ne sont pas même assez. Ta jeunesse t'empêche de prévoir pour toi et pour les tiens les infirmités qui s'y rencontreront un jour. Tu vis comme le papillon sur les fleurs, dédaignant comme lui le jour mauvais qui peut suivre. Tu sais que je ne cherche jamais à noircir ton esprit de craintes peu raisonnables ; mais cependant il y a une morale à tirer de quelques-unes qu'il est nécessaire de présenter à tous les âges. Je t'assure que c'est un véritable combat pour moi de vous instruire même sur celles qu'il m'est défendu de vous laisser ignorer. J'aimerais mieux, selon mon opinion particulière, ne présenter jamais que le beau côté de la vie, et vous laisser connaître naturellement l'autre par vous-même ; néanmoins je ne te tiens pas quitte du Père-Lachaise.

— Eh bien ! maman, tant mieux, car je trouve cette visite bien intéressante, toute noire qu'elle est ; mais n'allons pas aux Sourds-Muets : j'ai le cœur serré de ces infortunes multipliées que nous voyons depuis deux jours.

— Comme vous voudrez, dit madame de Vareux. Je vous rappellerai seulement que cette institution fut établie par l'abbé de l'Epée, sous le règne de Louis XV. Depuis, elle a fait de grands progrès, et aujourd'hui les élèves de l'abbé Sicard, qui succéda à l'abbé de l'Epée, font faire aux pauvres sourds-muets des choses surprenantes en conversation. Leur intelligence est très développée ; elle supplée au sens qui leur manque. Ils comprennent les moindres gestes de ceux qui ne savent pas parler leur langue. Eh ! je ne sais si c'est un grand malheur d'être ainsi : les choses heurtantes de la vie habituelle et de l'intérieur de chacun de nous n'arrivent pas jusqu'à eux. Leur cœur n'est pas isolé : ils sont ordinairement l'objet de l'affection particulière de leurs parents, et doivent le leur rendre au centuple par le peu de diversité qu'ils donnent à leurs sentiments. La tendresse d'une mère pour eux est la limite de leur ambition.

Eh ! que peuvent-ils souhaiter de mieux ? A leur tour ils n'aiment que leur famille. Où trouveraient-ils une tendresse plus vraie et plus raisonnable ? Oh ! tout ce que fait la Providence est toujours une compensation, allez.

Le lendemain on alla au Père-Lachaise.

— Nous y voici, dit madame de Vareux à sa fille. Pauve Laure, encore du triste ! Je ne te plains guère, tant qu'au milieu des tombeaux tu n'y trouves encore qu'une leçon sans y avoir des souvenirs.

» Il y a bien des tombes isolées au Père-Lachaise, bien des tombes où le souvenir d'autrefois fait tout le souvenir d'aujourd'hui ; bien des fleurs fraîches que le jardinier seul a posées sur elles comme dans des vases pour un jour de fête.

» Regardez, les moins oubliées ce sont celles où vous voyez des couronnes d'immortelles toutes fraîches, et que la pluie n'a pas encore altérées : tu vois que c'est un souvenir qui les a posées là.

» Cette tombe en marbre gris, entourée de ces deux tombes blanches de la même hauteur, est celle de Mme de C... ; ses deux filles reposent là près d'elle ; elles la suivirent dans la même année, l'une mariée depuis un an, l'autre tout nouvellement mère. Elles étaient toutes trois ravissantes et d'un charme infini.

» Vous admirez le tombeau du général Foi ? N'est-ce pas une belle chose de mériter par la parole un monument qui durera toujours ? Plus loin est celui du maréchal Ney, deux fois malheureux, et par sa fin, et par la cause qui l'a produite. Ce tombeau est fait sur le modèle de celui de Napoléon. On lui devait cette ressemblance.

» Arrêtez-vous un peu : savez-vous que vous marchez encore sur un tombeau ?

— Mais non, maman, nous sommes au milieu de l'allée.

— Précisément, vous foulez aux pieds le spirituel Beaumarchais, cet homme qui n'eut que de l'esprit, mais qui en eut pour plusieurs à la fois. Il voulut être enterré sous la voie publique. Je n'ai jamais compris l'idée qu'il avait eue en voulant être mis ainsi : je n'y trouve ni pensée morale ni plaisanterie, si tant est qu'on soit même disposé à plaisanter jusque-là. Vous vous trouvez ici en toutes sortes de compagnies : la mort égalise tout. A côté de la vertueuse madame de M... vous voyez mademoiselle Rancourt, une actrice des Français, dont toute l'illustration peut-être est d'avoir joué Corneille; près d'elle, la tombe de Talma, notre premier talent dramatique.

» Ici le tombeau de Jacques Delille. Voyez comme il est fraîchement à l'ombre! Cette position rappelle ses mœurs douces et tranquilles, il semble toujours rêver aux Géorgiques.

» Vous connaissez ses ouvrages et ses traductions, je ne vous les citerai pas ici. Tout à l'entour de lui est le monde des beaux arts : André Chénier, Grétry, le chevalier Boufflers, Boïeldieu, etc.

» On les a réunis, le plus qu'on a pu, après la révolution de 93.

» Vous voyez la tombe de Masséna : aimez-vous comme moi cette simplicité orgueilleuse? Le nom de ses victoires accompagne le sien : c'est là son épitaphe.

» Prenons un plan de Paris, mes enfants, et nous chercherons les rues à parcourir qui doivent nous rappeler quelques souvenirs passés. Voici la rue Saint-Paul, habitée par plusieurs de nos rois, Louis XII entre autres. En suivant un peu le cours de la Seine, sur le quai, vous voyez, près le pont Sainte-Marie', la place de l'ancienne Tour de Nesle, où Marguerite de Bourgogne acquit une si triste célébrité. Nous irons au palais des Tournelles, c'est-à-dire à la place où il était bâti, anciennement aussi palais de plusieurs de nos rois. Louis XI y mourut, comme vous savez. Nous verrons l'hôtel Rambouillet, où le cardinal Richelieu tenait un bureau de science et d'esprit avec tous les poètes fameux de son temps, ceux du moins avec lesquels il n'était pas en guerre pour le moment ; le Palais de Justice, où saint Louis habitait ; à côté, la Sainte-Chapelle, et la Conciergerie, où la triste Marie Antoinette fut en prison jusqu'au moment de sa mort.

Vous voyez, nous aurons encore bien des

choses à visiter. Ensuite nous irons aux Gobelins voir travailler les ouvriers qui ne savent pas eux-mêmes ce qu'ils font. Nous irons aussi aux différents musées particuliers, à l'Arsenal, au Jardin des Plantes; enfin je veux que vous connaissiez votre Paris comme les étrangers le connaissent : c'est bien le moins.

MALHEUR ET PROSPÉRITÉ.

Toutes les élèves du couvent des Anglaises étaient réunies autour d'une de leurs compagnes qui allait les quitter. Elles pleuraient en l'embrassant; c'étaient des cadeaux, des souvenirs et des larmes sincères. Emma d'Olbreuse, toute reconnaissante de tant d'affection, déjà bien assez malheureuse par la position qu'elle abandonnait et par celle qui allait suivre, était plus triste encore que ses compagnes, et pleurait avec bien plus d'amertume.

Dire adieu à la maison où s'éleva notre enfance, se séparer des jeunes amies auxquelles le cœur s'attachait déjà est certainement un vrai chagrin. C'est une première épreuve à l'ombre, qui fait deviner toutes celles que réserve l'avenir. La jeune fille, en souffrant cette première peine morale, se dit naturellement qu'elle est réservée à bien d'autres encore ! Elle va commencer la vie, et comment y réussira-t-elle ? Qu'est-ce qui l'attend par-delà ces murs protecteurs ? Les malheurs ne sont-il pas tous hors de cette enceinte ? Ce qu'on lui promet c'est qu'elle sera *heureuse* par la résignation ; mais ce bonheur ne lui est pas bien prouvé. Pour y arriver, il aura donc fallu souffrir et pleurer ? Ses quinze ans, entourés de roses, ne comprennent pas ce que ce langage a de malheureusement vrai. Elle en a peur sans y croire, et c'est pour cela que l'expérience hâtée, dans la jeunesse, est toujours aussi inutile que cruelle.

Si donc presque toutes les jeunes filles qui sortent de pension s'en éloignent à regret, même pour rentrer au sein de leur famille, que dut éprouver celle que nous voyons au moment du départ !

Emma d'Olbreuse avait dix-huit ans. Orpheline dès son enfance, elle resta confiée aux soins d'une belle-mère, qui la mit au couvent aussitôt après la mort de son père. Il laissait trois enfants : Emma, fille unique de sa première femme, et deux fils, Edgard et Jules, qu'il avait eus de son second mariage.

Madame d'Olbreuse était une femme incapable de s'occuper d'intérêt et de calcul. Son mari lui ayant laissé une fortune en très-mauvais état, aussitôt qu'elle fut veuve, elle en confia le soin à des hommes d'affaires, et, au lieu de les surveiller, ne s'en occupa en aucune manière.

Les années se passèrent ainsi tant bien que mal. Elle avait toujours un assez bon état de maison, et le monde, auquel il fut fort indifférent qu'elle fût un jour ruinée ou non, continuait d'aller chez elle pour qu'elle continuât de l'y inviter. Enfin tout cet appareil de fortune s'écroula en un jour, et madame d'Olbreuse, ne sachant que devenir, ayant perdu le peu de bon sens qu'elle avait encore, s'embarqua un beau matin pour l'Amérique, qui était son pays natal, espérant y trouver quelques débris de fortune, et laissa ses deux enfants à la garde de leur jeune sœur.

La malheureuse femme ne pensait pas trouver la mort dans ce voyage : le vaisseau sur lequel elle était fit naufrage, et ses pauvres enfants restèrent abandonnés au malheur le plus complet.

D'après la triste nouvelle qu'elle venait d'en recevoi, Emma se décida à quitter le couvent des Anglaises. Madame de C..., qui en était la supérieure, fit tous ses efforts pour la retenir. Mais que deviendraient ses frères, tous deux au collége? que deviendrait-elle elle-même dans ce repos et cette inaction? Son devoir ne l'obligeait-il pas à refuser ce que l'amitié de madame de C... lui offrait? elle le sentit, et commença avec courage la grande tâche qu'elle devait remplir.

La bonne supérieure regretta de ne pouvoir retenir Emma; mais elle approuvait secrètement son dessein. Son inquiétude pour la pauvre enfant était bien raisonnée. Non-seulement sa position devait inquiéter ses amies, mais, en entrant seule dans la vie, comme elle s'y plaçait, elle avait encore mille dangers à éviter.

De toutes les fictions de beauté que les peintres anglais nous présentent dans ces mille ravissantes figures qu'ils imaginent plutôt qu'ils ne copient, rien ne donnerait encore l'idée de la beauté d'Emma. Ses compagnes l'appelaient Mnémosyne, tant elle rappelait la muse antique, et ressemblait à cette belle fiction de l'antiquité, la plus gracieuse peut-être de toutes, qui sut personnifier la mémoire sous les traits d'une jolie femme.

Mais sa beauté n'était rien encore. A tous ces agréments, que les autres souhaitaient, et qui leur manquaient, elle joignait une simplicité ravissante. Sans doute elle savait qu'elle était belle (on le croit toujours, même quand on ne l'est pas); mais elle possédait la plus parfaite des modesties, l'indifférence pour ces avantages. Elle ne s'en faisait ni un mérite pour les faire sentir, ni un mensonge pour paraître les oublier. Ils avaient trop de valeur à ses yeux pour qu'elle pensât à l'un ou à l'autre.

Heureusement ces principes d'une si sainte morale vinrent assez tôt dans son cœur pour la persuader qu'il fallait d'autres qualités qu'une beauté qui passe vite, en faisant même plus d'envieux qu'elle ne laisse d'amis.

Quand on est riche et jeune, on devrait toujours penser qu'un jour on peut devenir pauvre. Malheureusement les talents ne s'estiment que lorsqu'ils sont acquis. En prévoyant la misère qui peut nous atteindre comme elle atteint tant d'autres, on serait moins surpris et moins écrasé au jour du malheur; on travaillerait, dans la jeunesse, autant par prévoyance que par amour-propre. L'histoire du temps qui est encore si près de nous devrait cependant mieux nous instruire. Le souvenir conservé dans chaque intérieur, raconté encore dans chaque veillée de famille, semble être un avertissement pour notre génération actuelle. Mais nous ne profitons pas plus de ce conseil que nous ne profitons de tous les autres.

Emma avait eu la sagesse de prévoir l'avenir. Elle n'y eût peut-être pas songé pour elle, mais elle avait deux jeunes frères, et pour eux elle y pensa. Son éducation réussit au-delà des espérances de ses maîtres. Elle avait surtout acquis un talent en musique très-remarquable. Sa voix était une des plus belles voix qu'on pût entendre, et sa méthode était perfectionnée par les premiers artistes de Paris.

Douée de tant d'agréments et de qualités si essentielles, pouvant faire l'orgueil de sa famille et le bonheur d'un autre, elle se trouva, si jeune encore, vouée à la pauvreté, à la solitude et au malheur. Peut-être ses réflexions lui arrachèrent pendant un moment des regrets naturels et lui enlevèrent quelques larmes. Tout en méprisant le bonheur de ce monde, nous jetons toujours derrière nous le regard des Israélites vers la terre promise. Notre nature, mélange malheureux de deux choses contraires, de deux souhaits qui ne peuvent s'unir, tend, par un effort impossible, à leur réunion, sans pouvoir y atteindre. Mais si nous pouvions être heureux sur la terre, nous ne serions pas pour le ciel! S'il était possible de trouver ici-bas une sécurité véritable, n'y aurait-il pas eu injustice de la part du Créateur à nous forcer d'en chercher ailleurs une autre? L'instabilité de la vie humaine est la plus grande preuve de l'immortalité.

En quittant le couvent des Anglaises, Emma prit un petit appartement au cinquième étage, vis à-vis une des grilles du Luxembourg. Elle alla chercher ses deux frères au collége de..., et promit au proviseur de lui payer leur pension arriérée aussitôt qu'elle le pourrait; mais il lui était impossible de fixer un terme à l'acquit de cette dette.

Elle entra dans son pauvre petit logement, n'ayant pour toute ressource que le peu d'argent que lui prêta madame de C...; car il avait été impossible de sauver aucun débris de sa fortune. La maison de M. d'Olbreuse avait été vendue par autorité judiciaire ; les meubles, et tout le reste du mobiliers appartenaient également aux créanciers.

Emma choisit, entre les talents qu'elle avait acquis, celui qui devait le plus promptement l'aider et lui devenir une ressource. Elle savait peindre à l'huile, mais ce n'était pas assez vite fait et assez prompt pour elle. Elle pouvait bien donner des leçons de musique, mais comment laisser ses frères seuls, et les abandonner toute une journée à eux-mêmes? C'était impossible. Elle peignit des paysages et des fleurs sur des boîtes de Spa. Elle acheta tout ce qu'il lui fallait, et se mit à l'ouvrage du matin au soir. Ses jeunes frères, l'un âgé de huit ans, et l'autre de neuf, ne lui aidèrent pas à grand'chose. Ils lui donnaient plus de sollicitude que de secours.

Les pauvres enfants ne comprenaient pas la privation subite à laquelle ils étaient condamnés. Quoique leur excellente sœur en prît pour elle la plus forte part, ils se ressentaient toujours de la pauvreté qu'il lui était impossible de leur éviter. Habitués, au collége, à une vie dure et sobre, ils ne souffraient néanmoins jamais aucune de ces privations qui se font sentir à tous les âges lorsqu'elles frappent sur eux.

L'hiver arriva, et les privations se multiplièrent. Il y avait un mois qu'Emma était avec ses frères dans sa nouvelle habitation. Le peu qu'elle avait emporté avec elle fut employé à acheter quelques meubles indispensables et à payer leur nourriture. Un petit lit pour ses frères et pour elle, quelques chaises de paille, une table et une armoire peinte en rouge, composaient tout son ameublement. Sa mise était heureusement convenable pour long-temps. Elle avait du linge suffisamment pour n'en avoir pas besoin pendant l'année; c'était encore beaucoup.

Lorsqu'elle eut fait deux ou trois boîtes, elle fut chez un marchand de curiosités, et les lui offrit à vendre. Celui-ci regarda les boîtes avec un air dédaigneux, quoiqu'il les trouvât fort bien, et lui offrit un prix bien au-dessous de leur valeur. Emma devint pâle et tremblante; ses yeux se remplirent de larmes.

— Mais, Monsieur, dit-elle, c'est bien injuste de m'offrir si peu de mon travail : ces boîtes, telles qu'elles sont, m'ont coûté plus cher que cela.

Le marchand les prit toutes trois tranquillement, et les lui rendit sans répondre. Emma sortit de la boutique, l'âme brisée et découragée.

On parle quelquefois de la dureté et de l'indifférence de la noblesse pour la pauvreté : jamais elle n'approchera de celle du marchand envers ceux qui l'implorent dans un moment de pressants besoins. Il faut l'avoir examiné, avoir entendu souvent conter aux pauvres les rebus et les sottises qu'ils ont à essuyer, pour voir cette cruauté dans toute son horreur. Le pauvre qui travaille est souvent réduit à la misère par l'acheteur qui le refuse. Cependant les marchands auxquels il s'adresse sont toujours en vogue et en réputation. Ils ont quelquefois plus d'argent que ceux qui leur achètent; mais l'intérêt personnel les enveloppe à un tel point, pour la plupart, que lorsqu'ils ont acquis cinquante mille livres de rente, ils n'en sont que plus durs et plus impitoyables.

Rebutée par ce premier désappointement, Emma n'osait pas se présenter chez un autre marchand; cependant la nécessité l'y força, et elle aborda en tremblant une seconde épreuve. Cette fois on lui donna un prix plus considérable de son ouvrage, et elle le laissa, bienheureuse de l'avoir placé. Elle fut chargée d'en faire d'autres pour le jour de l'an, et de petites tables imitant le vieux laque. Ravie de cette bonne fortune, elle s'en revint toute contente auprès de ses frères, qui criaient tous deux comme de petits aigles en ne voyant pas revenir leur sœur

Edgard, quoique le plus grand, était le plus désespéré. Tout ce qu'on peut imaginer d'adoration et de tendresse, Edgard le portait à Emma. Il comprenait déjà le dévouement et le courage de sa sœur.

Il admirait sa douceur, sa patience, sa piété angélique, qui, sans bruit, sans éclat, se laissait deviner en lui donnant une résignation si calme qu'on l'aurait prise, à la voir, pour l'être le plus heureux de la terre. Il supplia sa sœur de lui enseigner à l'aider dans les soins du ménage.

— Je pourrais bien faire la cuisine, disait-il en riant.

— Oui, je le crois sans peine, répondit Emma en souriant aussi : la nôtre n'a pas besoin d'un cuisinier de premier ordre.

— Je veux balayer notre chambre, dit-il en saisissant le balai des mains de sa sœur, je ne veux pas que tu aies toute la peine. Jules, aide-moi. Voyons, nous pouvons bien aussi aller chercher ce dont tu as besoin, mon Emma. Essaie, tu verras comme je suis habile.

Emma employa son frère avec beaucoup de succès. Il allait lui chercher ses petites provisions, nettoyait ses pinceaux, rangeait sa table sans rien perdre ni gâter, et mettait à tout cela beaucoup de zèle et d'adresse.

Il est admirable comme l'enfance s'élève au-dessus de son âge quand elle est devant la nécessité. Il n'y a pas d'*enfants* dans le malheur : tout ce qui est faible a toujours de l'énergie au besoin,

Emma fit donc promptement son ouvrage commandé. Elle devait tout livrer avant le premier de l'an. Elle passa au travail ses jours et ses nuits.

Mais elle commençait à s'apercevoir que le peu qu'elle gagnait n'était pas suffisant. L'hiver, très-rigoureux cette année-là, absorba ce qu'elle avait d'avance, et une misère affreuse les accabla sans qu'elle pût y rien faire.

Qu'allait-elle devenir, et ses frères surtout? car d'elle, mon Dieu ! elle s'en inquiétait peu : quand on ne veut songer qu'à soi, on n'éprouve jamais une grande sollicitude. Elle recommanda Edgard à un imprimeur pour l'employer comme apprenti. Voilà tout ce qu'elle put obtenir : long-temps d'avance, de meilleures places avaient été retenues par quelqu'un d'aussi savant que lui. Jules n'était pas bon à grand'chose, et, trop jeune pour essayer de lui faire comprendre ce qu'il n'avait pas senti de lui-même, Emma se trouvait bien embarrassée.

Un jour qu'elle était sortie pour chercher de l'ouvrage, elle chargea Jules de lui acheter plusieurs choses qui lui étaient nécessaires. Jules s'acquitta assez bien de la commission, mais ne s'oublia pas lui-même, comme on va le voir.

En entrant dans sa chambre, Emma vit son petit frère entouré de joujoux, avec un sabre au côté, un fusil et un gros poupard, qu'il avait habillé d'une loque de toile bleue servant de rideau à la fenêtre de la petite cuisine.

— Qui t'a donné tous ces joujoux? dit Emma, ravie de voir Jules plus gai qu'à l'ordinaire.

— C'est moi, dit-il tout fier.

— Comment, toi! Qu'est-ce que tu veux dire? Tu ne les a pas volés, j'espère?

— Non, sûrement; mais tu sais bien l'argent que tu m'as donné?

— Oui, dit Emma, qui tremblait en devinant le reste.

— Eh bien! j'ai pris notre souper à crédit chez Bernard, et j'ai acheté ces jolies choses avec notre argent. Ah! tu peux être tranquille, dit-il à sa sœur qu'il voyait toute bouleversée, il a dit qu'il n'était pas pressé que tu le lui rendes.

—Et demain, dit Emma, comment ferons-nous? tu as dépensé le peu d'argent qui nous restait depuis que j'ai payé le loyer.

Jules fut confondu. Tout honteux, il serra ses joujoux en silence, n'osant plus s'en servir. Après quelques moments de réflexion, le pauvre enfant crut néanmoins pouvoir remédier à ce malheur, et, touché de la sottise qu'il avait faite, il tâcha de la réparer de son mieux.

Emma, absorbée dans son travail et ses réflexions, ne s'aperçut pas que Jules était sorti. Ne le voyant plus auprès d'elle, inquiète, elle appelle son frère de tous côtés; il n'y était pas. Enfin, après une heure, elle l'entend rentrer.

— Tiens, lui dit-il, ma pauvre sœur, voilà

l'argent que j'avais dépensé, et, de plus, en voilà encore d'autre.

— Qui te l'a donné? dit Emma toute surprise; et d'abord pourquoi es-tu sorti sans me le dire?

— Je vais te conter tout cela, ma sœur. Quand j'ai vu que tu avais tant de chagrin, j'ai pris mes joujoux, et j'ai dit : Je vais les reporter au monsieur, et il les reprendra peut-être. Comme j'entrais dans la boutique, une jolie dame descendait de voiture avec un petit garçon habillé de velours noir, à peu près de mon âge. J'ai proposé au marchand de reprendre mes joujoux, il ne voulait pas. Cependant, quand je lui ai eu conté notre position, il les a repris et m'a rendu l'argent. J'étais bien content, lorsque tout-à-coup je vois le petit garçon qui s'approche de moi, qui me donne ce joli petit cheval que j'apporte, et une pièce d'or que voilà. Puis il est remonté en voiture avec sa mère.

— Cher enfant, dit Emma en l'embrassant, ta bonne action a été bien récompensée.

» C'était un peu fou à toi d'acheter ces joujoux, sachant combien nous sommes pauvres; mais la pensée de les reporter est si bonne et si droite, qu'elle efface bien le petit tort qui l'a précédée. »

Quand Edgard revint de son atelier, Jules courut lui montrer son cheval, et lui conta toute l'histoire.

Edgard, plus raisonnable que lui, le gronda de son étourderie.

— Laisse-le, dit Emma, touchée de l'action pleine de cœur qui avait si bien diminué sa faute. Il a fait ce qu'il faut toujours faire après un tort : il l'a senti et l'a réparé. Il prouve par cela seul qu'il n'y retombera plus.

Elle les embrassa tous deux en pleurant avec chagrin ; car elle ne savait que faire pour supporter la charge qui lui était imposée. Elle ne trouvait personne, pas un ami qui vînt à elle. Ses compagnes, trop jeunes, trop dépendantes pour la servir, ne pouvaient que la plaindre. Madame de C... venait de mourir. La nouvelle supérieure semblait ne pas la connaître. Cet abandon général l'accablait; elle se désespérait surtout de ne pouvoir mieux employer son temps, puisqu'elle était attachée à ce logis à cause de ses frères, qu'elle ne pouvait abandonner. Elle cherchait, elle pesait plusieurs projets qu'elle avait dans la tête, mais qui tous lui paraissaient inexécutables.

Le meilleur était celui-ci : mais il fallait de l'argent pour l'exécuter, et la pauvre enfant n'en avait pas.

Le roi de... était son parrain et l'ami, le protecteur de son père. Elle voulait aller le trouver (il était à Rome), lui apprendre sa position et celle de ses frères. Sans doute le roi ferait quelque chose pour elle. Mais comment faire un voyage si long, si dispendieux, sans une certitude ou au moins un espoir de réussir ?

Oh ! si quelquefois nous nous portions en idée vers ces mansardes solitaires, au milieu de ces familles souffrantes, que de malheurs seraient consolés ! que d'infortunes de moins et de misères soulagées !

Tout-à-coup on entendit frapper légèrement à la porte.

Ce bruit les étonna. Depuis six mois personne n'était entré dans leur pauvre appartement.

Emma ouvrit, et jeta un cri de joie en reconnaissant une de ses compagnes qu'elle aimait beaucoup.

— Que j'ai eu de peine à te trouver ! dit celle-ci en l'embrassant plusieurs fois. On avait oublié ton adresse au couvent des Anglaises, j'ai été obligée d'aller chez Caroline, qu'on m'a dit être la seule qui connût ta demeure. Pauvre amie, comment vas-tu ? que fais-tu ? Conte-moi un peu tout ce que tu as souffert, et voyons ce que je puis pour toi.

Elle s'assit en prenant la main de son amie dans les siennes.

Emma, tout émue de ce premier intérêt qu'on lui témoignait, raconta à son amie le peu d'événements qui pouvaient l'intéresser, et les nombreuses souffrances qu'elle avait éprouvées depuis six mois.

— Je songeais quelquefois à toi, lui disait-elle ; je me demandais comment cette bonne Amélie, si excellente, si tendre, m'avait oubliée et délaissée au moment où j'avais tant besoin d'une amie et d'une sœur! et ce qui pourrait...

— Je ne te laisse pas achever, dit Amélie en l'interrompant : si tu soupçonnais mon amitié, il me serait impossible de te pardonner. Ecoute-moi un instant.

» Je quittai le couvent en même temps que toi pour épouser le comte de Verneuil, comme tu sais que cela était arrangé. Mon mari m'emmena aussitôt avec lui auprès de sa mère, qui est fixée en Suisse. J'y ai resté jusqu'à présent. Voilà quinze jours que je suis revenue; je t'ai cherchée, demandée, et enfin me voilà. Tu vois que je n'ai pas perdu de temps, et que, si tu me grondais, tu serais bien injuste. »

Emma, serrant avec émotion la main de son amie, l'embrassa sans lui répondre. Amélie considérait avec tristesse le pauvre réduit où elle était. La misère la plus affreuse se faisait sentir de tous côtés. Une chandelle, posée dans un flambeau de fer, éclairait ce triste intérieur.

— Emma, lui dit-elle tout attendrie, j'espère que tu vas me parler avec franchise, et me dire que tu accepteras tout ce qui t'est nécessaire. Souviens-toi, avant de me refuser, qu'en amitié la meilleure et la plus tendre marque d'affection n'est pas de donner, c'est de recevoir : on donne à tout le monde; on ne reçoit que de ceux qu'on aime.

— Mon Dieu! dit Emma, tu vois ma position; je travaille autant que je puis, mais cela n'est pas suffisant pour nous trois : ces peintures, que j'ai faites, ne sont pas un ouvrage assez lucratif. J'attends de pouvoir placer mes frères quelque part, et je donnerai des leçons de piano et de chant. Je gagnerai bien davantage, et alors nous serons plus heureux.

— Tu accepteras bien d'ici là que, pour te distraire et égayer tes frères, je vous emmène quelque temps chez moi? Mon mari sera enchanté de me procurer le bonheur de t'avoir avec moi, et je n'ai pas besoin de te dire tout celui que j'en aurai.

— Nous verrons, chère amie, répondit Emma : tu sais que le chez-soi, même quand on y pleure, est encore préférable à la demeure étrangère.

— Mais nous ne sommes pas des étrangères, dit Amélie, toute contrariée de ce refus.

— Franchement, je préfère demeurer ici.

— Alors, tu accepteras que je me charge de tout le soin de ton petit ménage, n'est-ce pas?

— Oui, je l'accepte avec joie; et, si je te refusais, je serais une ingrate.

— Mais dis-moi un peu, reprit Amélie, comment n'as-tu pas eu l'idée de t'adresser au roi de W?... Il aurait sûrement fait quelque chose pour toi, lui qui aimait ton père, et qui de plus est ton parrain.

— Oh! que si! j'y ai pensé.

— Et qui t'a empêché de le faire?

— Il fallait de l'argent pour aller le trouver, et je n'en ai pas.

— Combien te faut-il pour cela?

— Je ne sais pas bien. Il me faut toujours au moins trois mille francs pour mettre pendant ce temps-là mes frères quelque part, payer mon voyage et les frais de mon séjour là-bas.

Amélie regarda son amie; ses yeux disaient assez qu'elle pouvait compter sur elle.

— Emma, lui dit-elle, je vais te quitter, je suis pressée : j'ai quelque chose à dire à mon mari, et je craindrais qu'il ne sortît si je prolongeais ma visite. Ce soir, serais-tu couchée si je revenais à dix heures?

— Non, sûrement : je dois passer la nuit pour finir cette table de laque.

— Eh bien! je reviendrai à dix heures.

— Mais pourquoi à dix heures? Il vaut mieux me réserver ta bonne visite pour un autre jour, puisque je t'ai vue aujourd'hui.!

— Non, non, dit vivement Amélie; j'ai mes raisons pour cela. A revoir tout-à-l'heure.

Elle sortit précipitamment en disant ces mots, et laissa Emma toute surprise de son départ précipité.

Cependant elle devina bien son amie, et supposa que c'était dans une pensée d'intérêt pour elle qu'elle s'éloignait si promptement, dès-lors qu'elles causaient de ses malheurs et du moyen d'y remédier. Elle était encore bien loin de prévoir tout ce qu'elle allait recevoir.

A dix heures, Amélie, entrant toute joyeuse, sauta au cou d'Emma en lui remettant un petit portefeuille.

— Tiens, lui dit-elle en riant, voilà tes étrennes; je ne te les avais pas données, et tu n'as pas dû beaucoup en recevoir.

— Non, dit Emma avec tristesse.

Elle défit le portefeuille, et y trouva trois billets de mille francs.

— C'est une partie de ma bourse de mariage, dit Amélie. J'avais résolu de l'employer en bonnes œuvres; je ne puis mieux faire que de te l'offrir. Charles me l'a permis; ainsi, prends sans inquiétude.

Emma ne savait que dire; elle regardait son amie, puis ses frères, puis les billets de banque.

— Ils te donneront les moyens d'aller trouver le roi, reprit Amélie, joyeuse du bonheur et de la surprise d'Emma.

— Oui, dit celle-ci; mais, quelque bonheur dont ils puissent être la source, le premier de tous est celui que je reçois en ce moment. Aucun ne vaudra jamais celui-là.

Elle serrait fortement la main de son amie.

— Voilà ce que nous avons décidé entre Charles et moi : tu nous laisseras tes frères ; à ton retour, nous les placerons dans un collége : tu peux être sûre qu'ils seront regardés comme nos propres enfants ; et, comme je n'en ai pas, toute notre affection se réunira sur eux.

— Oh ! vraiment, dit Emma, je ne sais comment te remercier, te dire tout ce que tu changes en en moi, toute la paix et la douceur que tu mets dans cette âme souffrante qui mourait, brisée par une main de fer. Je respire plus à l'aise. Il semble qu'un poids immense est ôté ; mes pensées sont moins sombres, et je souris presque à l'avenir. C'est à toi que je dois tout cela.

» Amélie, toi qui fus toujours heureuse, tu ne sais pas ce que c'est que de sentir l'affranchissement d'une profonde douleur ; tu ne connais pas l'angoisse qu'elle a donnée ; ce que c'est qu'une pensée incessante qui vous suit partout, à votre réveil, dans votre sommeil et jusque dans vos rêves ; car dans le malheur le sommeil n'est pas même un repos : tu ne comprends pas ce que l'on doit à l'être qui nous en a délivrée.

» Oh ! la reconnaissance est encore plus grande pour cela que pour le bienfait lui-même. Vous pleurez, petits anges, dit-elle en prenant ses frères par la main ; venez donc remercier aussi votre bienfaitrice. Embrassez-la : vous lui devrez un jour tout ce que vous aurez. »

Amélie pleurait de joie. Elle était aussi heureuse qu'Emma; elle l'était davantage encore : le bonheur de la bienfaisance est bien au-dessus de celui de la reconnaissance.

Elles passèrent une heure ensemble à causer du départ projeté. Elles disposèrent tout, afin qu'il eût lieu le plus tôt possible.

Amélie lui offrit tant de choses, qu'Emma finit par ne plus oser les accepter.

— Vraiment, dit-elle, j'ai honte de recevoir autant. Amélie, tu ne calcules pas tout ce que tu me donnes.

— Tu es bien extraordinaire, dit celle-ci en la grondant un peu. Mais on ne me ferait pas cette observation chez Delile ou chez mademoiselle Baudran, si j'allais y dépenser deux ou trois mille écus.

» Pourquoi veux-tu que l'amitié ne soit pas aussi prodigue que la coquetterie? et Dieu bénirait-il cette grande fortune si nous la réservions pour nous seuls? Nous l'a-t-il donnée pour n'en pas faire un autre usage? Oh ! c'est bien la morale de Charles et la mienne : donnons, et nous serons heureux. Juge donc si pour toi nous ne faisons pas le bien en le doublant encore. Prends, prends tout ce que je te donne; en le recevant tu n'es pas la plus heureuse encore.

— De sorte, dit Emma en souriant, et pénétrée d'admiration pour le cœur de son amie, de sorte qu'en recevant je te rends service.

— Oui, bien sûrement.

Elle l'embrassa sans répondre. Puis elles se séparèrent en prenant heure pour se retrouver le lendemain.

Quand Emma fut seule, elle crut rêver.

C'est la première pensée de tous les cœurs souffrants devant une félicité inattendue : ils n'y croient pas. Le doute est quelquefois si fort qu'il devient une torture. On a peur du réveil comme dans un songe gracieux.

Emma sentit cette impression douloureuse; mais, à la réflexion, elle crut à son bonheur, et en remercia Dieu. Elle ne put dormir, tout occupée de ce qu'elle allait faire, de cette grande entreprise, qui n'aurait peut-être pas non plus tout le succès qu'elle espérait! Le roi de W... était à Rome. Il fallait le chercher jusque-là; faire ce long voyage, seule, sans guide, sans personne qui prît intérêt à elle. Mais elle ne se découragea nullement.

— N'ai-je pas Dieu, dit-elle, Dieu qui sera là partout avec moi. Quel meilleur ami puis-je souhaiter?

Et elle s'endormit quelques heures dans cette douce pensée.

Le lendemain, Amélie vint trouver Emma. Elle

lui apportait à choisir plusieurs robes pour les emporter avec elle. Car, disait-elle, tu conçois qu'une fois arrivée, il faudra que tu voies le prince plusieurs fois, et tu ne connais pas la vie de Rome ! On n'y peut pas être seule. Tu verras là plus de monde que tu ne voudras, sans pouvoir l'éviter. Probablement le roi de W... te proposera de venir avec la reine au palais Barberini..., qu'ils habitent tous deux. Aussi voilà tout ce que je t'ai choisi. Est-ce de ton goût?

—Trop, dit Emma, toute confuse. Comment veux-tu que je mette de si jolies choses? Cela me paraît tout singulier. Je m'étais habituée à ma robe de laine noire, et ce rose et ce velours me semblent une richesse que je n'aborderai jamais.

— Que je voudrais te voir dans cette robe de velours ! Que tu seras belle, notre muse ! dit Amélie en regardant Emma avec admiration.

Celle-ci, ne faisant aucune attention aux jolis chiffons qu'elle recevait, était déjà loin du lit où on les étalait, occupée avec ses frères. Tout cet appareil de toilette ne l'intéressait nullement. La bonté d'Amélie était là, devant tout ce qu'elle voyait, seule digne de son souvenir.

Le jour du départ fut arrêté. Après être restée quelques jours chez son amie, occupée à préparer tout ce qu'il lui fallait, et ayant confié Edgard et Jules à sa bonne amitié, elle partit, pleine de courage et d'espérance.

Son voyage fut très-heureux. En arrivant à Rome, elle écrivit au roi de W... pour lui demander une audience, qu'il lui accorda le lendemain.

Tremblante, elle arriva au palais Barberini. Elle avait vu le prince J... dans son enfance; mais il fallait faire tous les frais d'une connaissance nouvelle : car il ne se souvenait probablement pas plus d'elle qu'elle ne se souvenait de lui. Il la reçut avec beaucoup de bonté et d'intérêt.

Emma lui conta avec simplicité tous les malheurs qui lui étaient arrivés, et lui exposa sa position avec toute la précision et le courage d'une âme vraiment malheureuse.

La reine, qui désirait voir Emma, entra dans le cabinet du roi pendant qu'elle y était encore. Elle l'embrassa, écoutant aussi avec bonté tout ce qu'elle lui dit. Tous deux se regardèrent en examinant Emma; sa beauté extraordinaire les frappait beaucoup. Animée par l'émotion qu'elle éprouvait, les yeux brillants de larmes qu'elle avait peine à contenir, elle était réellement aussi belle en ce moment qu'il est possible de l'être.

Les princes aiment voir autour d'eux de jolis visages. La reine prit Emma en affection, et désira la fixer auprès d'elle.

Le roi de W... lui accorda deux cent mille francs de dot. Mais Emma voulut les partager avec ses frères. La reine lui offrit de demeurer au palais pendant son séjour à Rome. Elle accepta, ne comptant y rester que peu de temps, puisque le secours qu'elle était venu chercher avait été sitôt obtenu.

Voilà donc Emma au milieu des grandeurs, et, dans l'intérieur d'une famille royale, objet d'admiration et d'envie (car l'une suit toujours l'autre), modeste, toujours retirée, sans coquetterie et sans affectation. La reine, qui l'avait prise en amitié, lui proposa de rester avec elle. Mais ce genre de vie n'allait pas à la simplicité d'Emma. Elle refusa, en l'assurant qu'elle conservait une profonde reconnaissance pour ses bontés.

— Au moins, dit la reine, vous viendrez au concert que le roi donne ce soir. Il serait mécontent que vous n'y fussiez pas.

— Votre Majesté l'ordonne, je m'y rendrai certainement, dit Emma.

— Oui, je le veux.

Elle salua la reine, et remonta chez elle pour s'habiller.

Elle trouva, en rentrant, une robe dont la reine lui faisait présent et un collier de perles fines. Elle fit sa toilette elle-même, releva ses cheveux blonds avec un peigne d'écaille, et, mettant la robe et les perles qu'elle venait de recevoir, elle descendit au salon, où le roi et la reine n'étaient pas encore arrivés.

Il y avait déjà beaucoup de monde. Quelque peu

de bruit qu'elle eût fait en entrant, puisqu'elle venait par les appartements intérieurs, on s'aperçut promptement de la nouvelle arrivée. Sa robe de velour noir relevait encore la couleur de ses cheveux dorés et l'excessive blancheur de sa peau. Le bonheur, qui pare toujours plus qu'une parure, l'embellissait et lui donnait une gaîté silencieuse et douce, ravissante comme tout son être. Tous les yeux étaient fixés sur elle; on ne parlait que d'elle. Chacun demandait son nom, et personne ne le savait. On l'eût prise pour une de ces blondes apparitions que nous retracent les poésies d'Ossian. Quand la reine fut arrivée, elle fit doucement signe à Emma de venir près d'elle. Alors ce fut un succès bien autrement bruyant. Elle eut une cour à ses pieds, et tous les hommages et le triomphe de cette soirée furent pour elle.

On apprit par la reine, qui aimait à la faire valoir, tout ce que cette belle enveloppe renfermait de qualités plus précieuses encore. Le monde n'admire pas long-temps la même beauté; il se lasse vite de son admiration : mais, sans qu'il s'en doute lui-même, la vertu le touche et le domine bien davantage. On admira mieux Emma en apprenant qu'elle était aussi bonne que belle. Il est si gracieux de voir une femme réunir ces deux choses à la fois !

Emma ne se trouva nullement changée par ce succès. Elle fut heureuse, sans doute; vouloir dire le contraire, ce ne serait pas comprendre le cœur humain; mais le plaisir qu'elle en avait ne fut pas au-delà de ce qu'il valait. Elle l'estimait peu, parce que vraiment il vaut très-peu. « Dans vingt ans, pensait-elle, quand je ne serai plus belle, si je n'ai autre chose pour moi, que serai-je donc aux yeux de ce monde qui m'admire aujourd'hui? Il me laissera, me présentera toujours le souvenir du passé, en m'humiliant de ce qu'il n'est plus. Si je mets à présent mon bonheur dans ces triomphes, que me restera-t-il au jour où ils me manqueront? »

Toutes ces réflexions et tant d'autres encore empêchèrent Emma de tomber dans l'écueil le plus général et le plus difficile à éviter : l'orgueil dans le succès. Ce fut en estimant peu les louanges qu'elle s'en garantit.

Aussi ne demeura-t-elle pas long-temps à Rome après qu'elle eut obtenu ce qu'elle venait chercher. Ayant témoigné au roi et à la reine de W... toute sa reconnaissance, elle prit congé d'eux, et revint à Paris, heureuse de retrouver la France, avec un avenir plus doux pour elle, et surtout pour ses frères, qui furent élevés aux frais du roi de W..., et plus tard devaient être attachés à sa personne.

Emma n'est-elle pas un exemple frappant des variations de la vie? tantôt heureuse, tantôt dans la misère, redevenue paisible, et destinée peut-être un jour encore à éprouver de nouveaux revers!

Car le trône qui la protége subira lui-même l'instabilité de toutes choses ; son histoire est celle de tous.

Plus ou moins agitée, plus ou moins froissée, l'âme, née pour un autre monde, combattant dans celui-ci contre tous ces changements inévitables, n'est heureuse qu'appuyée sur la religion, et passe avec elle ces épreuves, en attendant de meilleurs jours. Mais si elle s'en sépare, mille fois plus malheureuse et plus isolée, souffrant toujours, et toujours inconsolable, elle subit, dès ce monde, sa punition méritée, avant-courrière de celle qui l'attend dans l'autre. L'oubli de Dieu amène tous les malheurs ; c'est son souvenir qui les console.

LE PETIT SAVOYARD.

Pars, mon enfant, disait Catherine à son fils, sois vertueux et bon ; pense à Dieu et à ta mère; travaille pour elle et pour toi surtout, mon fils, mon pauvre Jean, tâche de gagner quelque chose et de trouver où tu vas la vie un peu moins dure que tu ne l'as connue jusqu'ici. N'oublie pas les leçons que tu as reçues de ton pauvre père, et la promesse que tu lui as faite à son lit de mort, de fuir les mauvaises compagnies et de bien aimer le bon Dieu et de le prier tous les jours.

Ton frère Michel n'a par l'air de se souvenir de nous : quand tu le verras, dis-lui que son silence m'a fait bien du mal, et évite-moi un pareil chagrin, mon cher enfant. La pauvre mère pleurait en embrassant son fils, et le jeune homme en écoutant sa mère. Elle emplit son petit sac de provisions préparées pour lui du lard, de la viande fumée, des œufs, un bon pain frais, et quelques pièces blanches qu'elle mit dans une petite bourse de peau, les mêmes qui lui furent données au jour de ses noces; il y avait de cela vingt ans. Puis la vielle en main, la marmotte sur le dos, il embrassa encore une fois sa mère, et jetant un regard désolé sur la demeure maternelle, il s'éloigna le cœur gonflé de regrets.

Catherine, demeurée sur le seuil de sa chaumière, le suivit long-temps des yeux. Du haut de la montagne, Jean put encore lui envoyer un dernier sourire et un dernier adieu. La pauvre femme rentra alors dans sa demeure isolée. De trois fils elle n'en avait aucun près d'elle; son mari était mort de misère et de privations. Mais courageuse comme toutes les mères, elle se consolait de son isolement, par l'espérance d'un avantage pour ses enfants.

Jean venait d'atteindre sa treizième année : il partait pour aller rejoindre son frère, qui était à Paris, et, comme tous les malheureux de nos provinces, croyait trouver un trésor dans notre grande ville, sans prévoir ce qu'il y aurait à souffrir.

Pauvres enfants de la Savoie ! ils quittent la misère de leur famille pour en chercher une bien plus affreuse encore ! Ils croient que Paris heureux et doré pensera à leur pauvreté et s'occupera d'eux. Penser au petit savoyard ! Eh ! de toutes les misères du peuple, c'est celle que nous plaignons le moins; on les brusque, on les rudoie. Chers petits êtres, élevés à la tendresse et aux soins maternels, leurs petites mains rougies par le froid, leurs vêtements sales et déchirés, leur gracieuse activité même au milieu de toutes les privations de la vie, tout cela ne nous touche guère, nous que rien ne touche que nous-mêmes. A les voir le visage barbouillé de suie, le bonnet à la main, sale et poudreux comme toute leur personne, nous ne trouvons à cela que du ridicule, et nous rions même en oubliant que ce tableau renferme à lui seul la plus respectable des infortunes, l'enfance souffrante et pauvre. Oh ! si j'osais en ce moment rappeler leur misère, faire une demande à mes jeunes lectrices, je leur dirais d'abord : N'oubliez pas le petit savoyard, ne le rudoyez plus, ne le refusez plus ; inquiétez-vous de lui, de ce qu'il fait, de ce qui lui manque, et après avoir lu l'histoire du petit Jean Larzat, si elle vous a intéressées, si vous avez donné quelques larmes au récit de tout ce qu'il a souffert, promettez-vous de donner au savoyard que vous rencontrerez à votre première sortie une petite pièce blanche pour grossir son mince trésor, le sauver pour quelques jours du moins de la misère et de la faim.

Jean ayant voyagé presque toujours à pied, accablé de fatigue, et ses habits tout trempés d'une pluie qui tombait depuis son départ, arriva enfin au milieu de Paris un soir à neuf heures, quand toute brillante de lumière, tout éblouissante de de luxe et d'activité, la ville est dans toute sa grandeur et son éclat.

Il crut rêver, ou quelque chose de plus encore, car ces rêves ne lui retraçaient que des images bien différentes de celles qu'il trouvait autour de lui; il tremblait de peur; ne concevant pas l'agitation générale, il lui semblait que le feu était aux maisons et aux boutiques, et que le monde courait çà et là pour y remédier. Puis il était effrayé des coudoiements des uns, du mépris des autres. Ne sachant où aller pour trouver la rue Saint-Jacques du Haut-Pas, où demeurait son frère aîné, il s'adressait à tous ceux qu'il voyait, en barbouillant un patois savoyard, et on ne l'écoutait seulement pas pour lui répondre. Un monsieur qui passait très-vite, voyant ce petit savoyard qui le suivait en disant des mots tout étranges, n'y comprit rien, sinon qu'il demandait l'aumône, et lui donna une pièce de dix sous en s'éloignant. Ceci remit Jean de bonne humeur et lui donna du courage.

Bon, pensa-t-il, car il était rangé et prévoyant, voilà qui va bien; à peine ai-je mis le pied dans cette grande ville, déjà de l'argent! et je suis sûr que c'est beaucoup d'argent. Il regardait sa pièce avec plaisir en comptant sur beaucoup d'autres chalands.

Enfin à force de marcher et de suivre les gens de la rue, il se trouva au milieu des boulevards à dix heures du soir. Oh! si ma mère était-là, pensait-il, comme elle nous dirait de belles choses sur tout cela; elle connaît tout ceci. La pauvre mère eût été, je crois, aussi ébahie que le pauvre enfant.

Mais la faim se fit sentir au voyageur, et le besoin de repos aussi. Tout en longeant le boulevard de Gand, rebuté par l'un, poussé par l'autre, il arriva devant Tortoni. Que de belles lumières, dit-il; ces gens-là sont riches, ils doivent être charitables; je vais y entrer pour leur demander à dîner et à coucher. Il entre.

— Qu'est-ce que tu veux, dit brusquement un des garçons qui se trouvait à la porte.

— Je demande quelque peu de choses, dit Jean très-humblement.

— Nous n'avons rien, va-t-en. Laisse passer cette dame, dit-il en le poussant.

Jean recule et regarde. C'était une de nos élégantes parisiennes, en mantelet de velours, et en chapeau à plumes. Elle jeta un regard et un sourire au petit savoyard en disant à la personne qui lui donnait le bras : Il est plus propre que les autres au moins, et monta rapidement l'escalier sans s'en occuper davantage. Jean la suivit. Tout-à-coup il se sent fortement pris par le bras, et on le fait descendre précipitamment les marches qu'il avait franchies.

— Petit vagabond, dit un homme en jurant effroyablement, où vas-tu donc. Ah ! l'ami, tu crois que nous sommes aveugles ?

— Je ne fais rien, dit l'enfant doucement ; je voudrais seulement que vous me donniez à dîner.

— Oui, oui, je crois bien ; as-tu de l'argent pour me payer.

— Pas guère, mais enfin j'en ai.

— Allons donc, imbécile, va-t-en ailleurs dépenser tes liards. Je n'en veux pas.

— Mais où irais-je ; je ne sais pas le chemin de la rue de mon frère.

— Eh ! ni moi non plus, dit le garçon en le poussant dehors. Va te promener.

Jean sortit. Peu habitué à ces paroles rudoyantes, élevé sur les genoux de sa mère, et n'ayant jamais entendu le son de sa voix pour le gronder, il pleura amèrement. Assis sur une borne, vis-à-vis le café de Paris, il regardait entrer l'un, sortir l'autre, les voitures aller et venir, les gens causer et rire entre eux. Comme ils ont l'air heureux ! pensait-il tristement. Hélas ! ceux qui souffraient comme lui étaient pourtant le plus grand nombre; tout proche de lui, peut-être, étaient des cœurs plus brisés, plus sérieusement malheureux que le pauvre petit Jean sans habit et sans dîner.

Une pauvre femme, une mère sans doute, s'apercevant de l'embarras du pauvre savoyard, alla à lui. Il lui fit la question qu'il faisait à tout le monde, et lui demanda la rue Saint-Jacques du Haut-Pas. Oh ! c'est bien loin, dit la bonne femme. Tenez, prenez une de ces voitures, dit-elle en lui désignant un omnibus qui devait l'y conduire. Voilà six sous, et avec cela vous ferez votre chemin. Encore de l'argent, pensa petit Jean : je ferai fortune ici, bien sûr. Il monta dans l'omnibus et se fit descendre assez loin encore ; mais enfin, tant bien que mal, il arriva à la porte de son frère.

La rue Saint-Jacques du Haut-Pas est une des rues les plus pauvres de Paris. A voir une de ces rues désolées, c'est à peine si l'on peut se croire au milieu de lui. Pour Jean ce fut un retour dans sa patrie ; il s'arrangeait mieux de son silence que du tumulte dont il venait d'être témoin.

Il monta un escalier sans rampe, rapide et étroit, et heurta à toutes les portes, en demandant Michel Larzat ; on lui indiquait toujours plus haut, et quand il n'y eut plus à monter, il pensa que c'était nécessairement là : il frappe doucement à la porte, qu'un loquet de bois fermait légèrement.

— Qui est là? demanda brusquement une voix d'homme.

— C'est Jean Larzat, le frère de Michel.

Et la porte s'ouvrit à ces paroles, après que Michel eut caché promptement plusieurs choses qui étaient étendues sur une table de bois, et qu'il serra en voyant arriver son frère.

— Bonjour, mon cher frère, dit Jean à Michel. Me voilà venu. J'ai eu du mal pour te trouver. Embrasse-moi donc, mon cher frère, dit-il en se jetant à son cou. Michel l'embrassa sans trop prendre garde à lui.

—Te voilà, Jean; eh bien! tu travailleras, pas vrai, tu vas trotter avec moi; gagner de l'argent pour t'amuser; et vogue la galère, comme on dit.

— L'argent que je gagnerai, c'est pour notre mère, mon cher frère.

— Ah! oui, sûrement, dit Michel; et mais je crois bien; prends garde de le perdre. Ah ça, elle n'est donc pas encore morte la bonne femme?

— Morte! dit Jean en devenant pâle; que dis-tu là? Mais elle se porte aussi bien que nous, heureusement, cette bonne mère. Elle m'a dit de te recommander de lui écrire. Michel, tu lui as fait bien de la peine, en ne lui donnant pas de tes nouvelles.

Bah! est-ce que j'ai le temps de faire du sentiment, moi! quand je lui écrirais, la v'la bien avancée.

— Elle m'a chargée de te porter quelque chose, dit Jean avec la joie dans les yeux de la surprise qu'il croyait donner à son frère.

— Qu'est-ce que c'est ? dit Michel tout occupé de regarder plusieurs boîtes étalées sur la table.

Jean posa sa marmotte à terre, prit son sac, et, développant sa petite bourse de peau, étala ses pièces d'argent devant Michel.

— Ah ! ah ! dit celui-ci, c'est de l'argent. Voyez-vous, ces savoyards, ça en a plus que ça ne mérite.

— Prends la moitié, mon cher frère, dit Jean tout heureux de son cadeau, j'en ai dépensé quelque peu dans la route, et nous partagerons le reste également.

— C'est bien, c'est bien, dit Michel en mettant la main sur la totalité ; tu es trop petit pour garder ton argent ; je m'en charge.

Le cœur de Jean se gonfla tristement. Le séparer de son argent ! c'était le priver du seul petit bonheur qu'il se fût réservé depuis qu'il avait quitté sa mère.

— Mais il faut me laisser mon argent ! dit-il enfin avec une énergie momentanée, c'est à moi !

— A toi ? Eh ! tu n'as rien à toi ! Allons donc ! Notre mère t'envoie ici pour que je sois ton maître, que je te conseille, que je te conduise, dit-il avec importance.

Jean ne répondit rien et soupira. Il prit dans

son sac un morceau de pain dur et quelques noix et mangea en pleurant doucement.

— Qu'est-ce que tu comptes faire à Paris? dit Michel à son frère, pendant qu'il soupait.

— Mais, mon frère, je pense que je serai ramoneur.

— Ah ! c'est un état lucratif, je t'en fais mon compliment.

— Notre mère l'a voulu, et je suivrai ses ordres.

— Et quand tu auras mangé de la suie toute la journée, tu crois que tu auras dîné?

— Je gagnerai de l'argent, et la moitié de ce que je gagnerai je l'enverrai à notre mère. Mais, mon cher frère, tu n'es donc plus ramoneur, toi? Comment, tu as quitté notre état? Qu'est-ce que tu fais?

— Oh ! ce que je fais serait difficile à t'expliquer. Je fais beaucoup de choses, quelquefois rien, c'est selon. Tiens, j'ai fait cela aujourd'hui, dit-il en lui montrant un grand coffre fermé à clé.

— Ah ! tu fais ces belles boîtes dorées?

— Oui, dit Michel en souriant.

Ce rire eût été affreux à voir pour un tiers qui pouvait comprendre ce qu'il avait de satanique et d'horrible.

— Oui, reprit Jean avec douceur, je ferai danser la marmotte; j'irai par les rues, et quand j'aurai amassé quelque argent, je retournerai dans le pays. J'apprendrai ici à faire des sabots et des souliers, et je travaillerai chez nous auprès de ma mère, pour qu'elle ne soit plus seule et malheureuse.

— Imbécile ! dit son frère. Heureusement je ne te donne pas quinze jours pour avoir laissé là, de côté, ta vertu et ta marmotte. Nous verrons ! nous verrons !

— Est-ce que je ne puis pas dormir ici ? dit Jean avec timidité, car son frère lui faisait un effet incompréhensible.

— Volontiers, si cela t'arrange. Couche-toi, Petit Jean, dors avec ta candeur ; je ne suis pas encore prêt à dormir, moi.

Jean se déshabilla, et, heureux de retrouver un gîte, accablé de fatigue, il se mit à genoux pour faire sa prière.

— Ah ! tu pries le bon Dieu, toi ?

— Eh ! sans doute ; est-ce que tu ne le pries pas, Michel ?

— Si, si, je crois bien. Ma prière est trop longue, elle te fatiguerait; je te l'apprendrai plus tard.

— Oh ! j'aime bien la mienne, reprit le jeune homme. C'est notre mère qui me l'a apprise, je n'en veux pas d'autre.

— Comme la conscience a de l'instinct ! dit Michel en contemplant son frère, qui, les mains jointes, le bonnet à terre, priait Dieu avec ferveur ; et son joli visage, ses cheveux blonds, ses yeux bleus, lui donnaient quelque chose d'angélique et de divin. Michel, assis à une table, sur laquelle étaient une chandelle, une bouteille de vin, des coffres et des bijoux, la tête appuyée sur sa main, regardait cette ancienne vie, qui fut la sienne, avec une tristesse dont il ne pouvait se défendre.

Le plus grand triomphe de la vertu, c'est le regret que le vice donne.

Lorsque Jean fut endormi, ce qui ne fut pas long, Michel fouilla toutes ses affaires, qui se réduisaient à un sac, où il y avait quelque nourriture, à la marmotte et à la petite bourse de peau qu'il avait vidée devant lui. Dans la poche de sa veste brune, il trouva les dix sous qu'on lui avait donnés le soir sur le pont. Il les prit; mais, à la réflexion, il les remit dans la poche de son frère. Pour dix sous, pensa-t-il, je puis lui faire cette générosité; et il retourna à sa place, fort désappointé de n'avoir rien trouvé de meilleur.

Le lendemain, Jean commença ses fonctions, en faisant la connaissance d'un ramoneur, qu'il accosta tout simplement au milieu de la rue. Il se mêla à la foule savoyarde, et se liant avec ses compatriotes, il apprit peu à peu le métier en travaillant.

Mais la candeur a une méfiance qui lui est particulière et qui la garantit bien mieux que celle de l'expérience. Jean, sans se l'expliquer, commença à redouter la société de Michel, et les deux frères ne sympatisaient nullement ensemble. Cependant, comme tous les bons cœurs, Jean s'attacha à lui, parce qu'il comprit qu'il serait peut-être un jour malheureux. Michel n'aimait pas Jean ; sa niaiserie enfantine, sa morale écrasante, ses phrases puritaines le faisaient rire aux éclats, quand elles ne le mettaient pas en colère. Alors le pauvre petit était battu rudement, et se taisait pour avoir la paix. Michel rentrait quelquefois si tard, que Jean, endormi, ne le voyait pas de plusieurs jours ; et le lendemain, au lever du soleil, il partait avec sa marmotte, tandis que Michel dormait encore.

Jean apportait chaque soir le gain de sa journée. Quand Michel n'était pas rentré, il le posait sur une table, et recommençait son travail du lendemain sous de nouveaux frais. Son frère ne lui laissait que quelques sous pour se procurer sa nourriture.

Trois mois se passèrent ainsi. Jean, qui faisait son compte, dit un jour à Michel.

— Mais, mon cher frère, je vous ai donné pas mal d'argent depuis quelque temps, vous avez au moins vingt-cinq francs !

— Eh bien ! après, qu'en veux-tu faire?

— Je voudrais m'acheter des sabots, et envoyer le reste à notre mère.

— Sois tranquille, je m'en charge ; je l'enverrai demain par quelqu'un qui va au pays.

— Ah! il va la voir! s'écria Jean tout en pleurs. Qu'il est heureux! Oh! si je pouvais lui dicter quelques lignes pour elle! lui raconter tout ce que je fais, tout mon voyage, tout ce que j'ai vu à Paris depuis que j'y suis : comme cela lui ferait plaisir!

— Va-t'en au diable! dit Michel impatienté, avec tes écritures, et laisse-moi tranquille.

Jean ne répondit rien, mais le lendemain, de bon matin, il fut trouver un Auvergnat qui savait écrire, et le supplia de lui laisser dicter une lettre pour sa mère. Le bon jeune homme s'y prêta de grand cœur, et Jean commença ainsi : (J'ai conservé l'orthographe de l'écrivain et la composition de la lettre.)

« Ma bon ché mère,

» Je sui harivé a Pari, an bon senté é ben fatte i gué. Ché bin pleuré de vou quitté. Jé vu mon frair Missel, il sen port ben. Je trav haille, je sui ram honeu, é jé gaine queque peu d'arjen. Mon frair vou sanvoi de larjin qué jé gainié. Soié tranqil, jé né bésin de rin. Jé suit den une vile que é baile é lé boulevar ossi, é lé maison. Quéque foa jé démende lé péti sous, poure vou anvoié bocou darjen.

» Ambrasé Cristine poure moa, dite ben à cet

bone peti seur que jé pans a el; é ossi mat tente Misseline, é mon oncle Misselin é ma quousin Misselette. Nalé pas man voi ier de largen, cé moa qui vou san en véré. Ma bon ché mére, jé vou éme, je pense a vou, jé prit Dieut poure vou é poure moa, é poure tou le pai.

» Adieu, ma bon ché mére, je demeur bien louen, é jé vat tou lais joure quché ché Missel. Adieu, jé vou am bras bin, é vou seme bien.

» Votre fisse,

» Jean LARZAT. »

Après avoir pleuré en dictant cette touchante lettre, dans laquelle il ne se plaint ni de sa profonde misère, ni de la dureté de Michel envers lui, Jean cacheta soigneusement sa lettre et la remit le soir à son frère. « C'est bien, mets-la ici ; je vais faire le paquet, et je l'enverrai. » Le pauvre petit jeune homme se coucha joyeux, et dès qu'il fut endormi, Michel prit la lettre et la jeta au feu en riant de la bonhomie de son frère.

Le vieux ramoneur qui avait pris Jean sous sa protection, s'inquiétait beaucoup de le voir rester chez Michel. Cette amitié lui sera funeste, pensait-il ; je veux l'en prévenir. « Ecoute, Jean, lui dit-il un jour en marchant par les rues; ton frère est un mauvais sujet et tu ne fais pas bien de demeurer avec lui.

— Mais, dit le pauvre jeune homme, c'est mon frère, vois-tu; si je pouvais le ramener à une conduite meilleure, je serais bien heureux. Peut-être il nous reviendra, dit-il les larmes aux yeux.

— Non, dit Pierre, non; le mal est bien mauvais, il rit de ses fautes; il n'y a pas de remède. Il te perdra sans que tu aies pu le sauver.

— Oh! j'aime trop ma mère pour devenir méchant.

— Eh! pauvre Petit Jean, il l'aimait comme toi quand il est venu il y a quelques années.

— Non, dit Jean, il ne l'a jamais aimée. Mon frère a toujours été méchant. Je me souviens que ma pauvre mère pleurait souvent en disant : Michel sera un mauvais sujet; elle avait deviné juste. Quand il partit, ce fut le repos et la paix de la maison. Vous savez, comme ceux qui sont vicieux sont rares dans le pays; on le montrait au doigt, et personne ne le fréquentait. Eh bien! malgré tout, je l'aime. Il me rappelle mon pauvre père; il lui ressemble, c'est frappant. Je l'aime, répétait le pauvre jeune homme avec l'effusion du meilleur naturel.

— Prends garde, dit Pierre en le quittant, prends garde à toi, Petit Jean; méfie-toi de lui.»

Un jour Michel dit à son frère:

— Ah ça, Petit Jean, est-ce que tu comptes toujours faire le paresseux comme cela !

— Comment, le paresseux ? mais je travaille toute la journée.

— Oui, témoin hier, sur les boulevards, que je t'ai rencontré demander l'aumône.

Eh ! mon cher frère, quand on demande et qu'on n'a rien, ce n'est pas une paresse, bien au contraire; est-ce que tu crois que c'est bien agréable d'être rebuté par tout le monde, pour arracher par hasard quelques sous à la fin de la journée ?

— Et pourquoi demandais-tu ?

— Parce que j'ai besoin, dit Jean tout tremblant de peur.

— Eh ! de quoi as-tu besoin, dit Michel avec un ton d'indifférence qui fit mal à son pauvre frère.

— Michel, répondit l'excellent jeune homme, j'ai besoin de tout; je manque de tout. Le peu que je gagne devait être partagé entre notre mère et moi ; car je suis pauvre aussi. Mais tu n'as pas voulu; je l'ai partagé entre elle et toi; c'est la même chose; puisque je te fais plaisir, c'est comme si c'était pour moi. Mais enfin quand tu manges, cela ne m'empêche pas d'avoir faim ; et je demande l'aumône ; c'est bien mon gain à moi celui-là, il me coûte assez. Tiens, continua-t-il avec l'élan d'une confiance adorable, je t'avais caché ce petit bénéfice là, dans la crainte que tu ne l'exiges de moi. Mais je me trompais, n'est-ce pas ? tu me le laisseras ?

— Pardi, oui, dit Michel avec insouciance.

— Jean, tout fier et tout content, court au lit, défait la paillasse, fouille dedans, et cherche son petit trésor.

Il n'y était plus !...

Il reste anéanti ; des larmes rares et brûlantes tombent sur ses joues ; ses jambes tremblantes le forcent de s'asseoir sur le matelas jeté à terre.

— Oh ! mon Dieu, il y était encore hier, dit-il en joignant ses mains, et en regardant Michel.

— Celui-ci sifflait en mangeant un morceau de viande froide.

— Eh bien ! comme tu me regardes, dit-il en le regardant fixement à son tour ; est-ce que j'ai ton or, pour que tu me le demandes ?

— Eh ! ce n'était pas de l'or, c'était bien mieux que cela : des belles pièces blanches toutes neuves, que j'avais changées exprès. Michel, dit-il, ne ris pas de mon chagrin, car c'est bien mal à toi ; si tu perdais de même le fruit de ton travail, je te plaindrais de tout mon cœur. Ah ! si tu savais la douleur qu'on a, quand après avoir bien souffert pour amasser un peu de quoi se nourrir, on se voit tout enlevé, tout pris !

— Tu le retrouveras, dit Michel en sortant. Bonjour, Petit Jean. Tiens, pour ta peine, je te laisse ce morceau de pain, et le reste de la viande.

Je rentrerai fort tard ; ne m'attends pas pour te coucher.

Dès qu'il fut seul, le pauvre Jean chercha partout son cher petit trésor, mais inutilement. D'abord Michel fermait tout exactement lorsqu'il sortait, et il n'y avait donc que la place où il l'avait mis qu'il lui fût possible d'inspecter encore ; c'était une peine perdue.

Au point du jour, Michel rentra et réveilla Jean par l'agitation qu'il paraissait éprouver. Il se promenait à grands pas dans la chambre, ouvrait et fermait continuellement une armoire; lava du linge, et jeta soigneusement l'eau dans les cendres. Enfin, paraissant horriblement inquiet et tourmenté, il se jeta tout habillé sur le lit, mais ne put dormir.

— Qu'as-tu, lui demanda son frère en l'embrassant.

— Laisse-moi tranquille, répondit brusquement Michel.

Jean n'osa parler davantage. Il s'habilla et sortit de meilleure heure encore que de coutume, car Michel lui faisait peur.

Un matin qu'il se disposait à partir, comme à l'ordinaire, il entendit frapper violemment à la porte de leur chambre; ces coups firent tressaillir Michel. Il se lève, s'habille à la hâte, défend à son frère d'aller ouvrir. Une voix ordonne d'enfoncer la porte, et le commissaire de police entre, accompagné de plusieurs gendarmes.

— Quel est celui de vous deux qui s'appelle Jean, dit le commissaire de police.

— Le voici, répondit Michel en montrant son frère.

L'exempt de police ayant déroulé un papier contenant un signalement, il confronta en détail, et trouva que c'était celui de Jean; il n'examina pas même Michel, du moment qu'il trouva l'analogie du nom avec la ressemblance.

— Que faisiez-vous dans la nuit de mardi à mercredi dernier, dit-il à Jean; où étiez-vous et où l'avez-vous passée?

— Ici, répondit naïvement le Savoyard.

— Et vous n'êtes pas sorti?

— Non, mon frère est sorti, mais pas moi.

Michel respira plus à l'aise.

— Vous avez sans doute entendu parler de l'assassinat qui fut commis dans cette maison, le 20 de ce mois, dans la nuit du mardi au mercredi.

— Non, je n'en savais rien. Je sors toute la journée, je rentre avant mon frère, qui se couche plus tard que moi; et comme il pouvait seul m'en parler et qu'il ne m'en a rien dit, je n'en ai rien su.

— Vous m'avourez que c'est un peu fort, que vous paraissiez même ignorer jusqu'au meurtre commis précisément au-dessous de vous. Le saviez-vous? demanda-t-il en s'adressant à Michel.

— Oui, reprit froidement celui-ci.

— Où étiez-vous, pendant cette nuit-là? car vous couchez ici avec votre frère.

— J'étais sorti, répondit Michel; je ne suis rentré que le lendemain, fort tard.

Le commissaire, après avoir fait quelques questions, qui ne menèrent à rien, ordonna la visite de la chambre. On ne trouva dans les armoires que des boîtes à moitié vides ou remplies de choses indifférentes; mais dans une il y avait des bagues, une montre en or et quelques pièces d'argent, évidemment volées. Les deux frères niaient également les avoir apportées.

— Qu'on nous fouille dit Michel effrontément, qu'on regarde dans les armoires, et si le soupçon a commencé à tomber sur mon frère, qu'on m'expédie vite, afin que je ne sois pas témoin de tout ce qui va se passer pour lui.

— Mais, mon cher frère, dit Jean, qu'est-ce donc que ces messieurs nous veulent?

— Ces messieurs veulent te mener en prison, répondit-il en affectant un calme qu'il n'éprouvait guère.

— En prison! Et pourquoi?

— Vous êtes accusé, dit le commissaire de police, d'avoir assassiné la nommée Marguerite Renaud, propriétaire, qui demeurait dans cette maison, à l'étage au-dessous de vous, et de lui avoir volé 300 fr. en or, qu'elle avait reçu la veille, à ce qu'il paraît.

— Grand Dieu! s'écria Jean en tombant aux genoux des gendarmes, ne croyez pas que je suis coupable d'une telle chose. Moi, assassiner quelqu'un? Eh! mon cher frère, prenez donc ma défense; vous savez bien que je ne puis avoir commis ce crime; ces messieurs se trompent, dit-il en calmant par cette pensée ses craintes et son effroi. Ils se trompent, bien sûr.

— On a donné ce signalement, dit l'exempt de police, et je ne puis m'empêcher de le reconnaître pour le vôtre. Le nom, l'habillement, tout se rapporte trop pour que je ne sois pas obligé de continuer les poursuites.

— Par exemple, dit celui qui l'accompagnait, je vous ferai remarquer que les deux frères se ressemblent tellement, qu'on pourrait s'y méprendre; et ils sont absolument de la même grandeur.

— Oui, mais les renseignements portent qu'il avait des habits de savoyard, et que celui des deux qui est ramoneur se nomme Jean.

On continua la visite de la chambre, et on fut promtement fixé sur le vrai coupable, ou du moins on le supposa, lorsque dans un tas de chiffon, couverts de suie, on trouva, parmi le peu de linge marqué au chiffre de Jean, un long et large couteau encore ensanglanté et des instruments de serrurier pour ouvrir les portes.

— Vous voyez que vous n'avez pas été bien prudent, au moins, dit le commissaire de police au pauvre Petit Jean. Maintenant qu'avez-vous à dire pour votre défense?

Michel, la main dans son gilet, contemplait son frère avec une expression profondément horrible.

— Rien, répondit Jean avec une énergie et une grandeur incroyables ; rien, monsieur ; seulement, je puis jurer que je suis innocent; je le jure! Il m'est impossible de comprendre cette scène extraordinaire. Je serai justifié un jour sans doute. Pour à présent, je ne puis rien dire, sinon que je ne suis pas coupable, heureusement pour moi!

Comme cette réponse est celle de tout le monde, de l'innocent comme du coupable, le commissaire de police ordonna aux gendarmes d'arrêter Jean. On lui attacha les mains et on s'empara de lui. Il ne fit aucune résistance. Comme il allait quitter la chambre, il jeta sur son frère un regard d'une expression si sublime, que celui-ci comprit toute sa pensée, et en fut un moment déconcerté. « Adieu, Michel, lui dit-il en sortant, au revoir!... » Les gendarmes l'entourèrent et on l'entraîna.

Jean fut jeté dans une prison noire et humide :

un peu de paille pour se coucher, une cruche d'eau, un escabeau de bois faisaient tout son mobilier. Quand il fut seul, et qu'il put réfléchir sur l'horreur de tout ce qu'il venait de deviner et de souffrir, il se sentit défaillir. Il combattit un moment s'il parlerait, mais ce ne fut qu'un moment. C'est mon frère, disait-il en rougissant, je ne puis le dire. Alors il rappelle à sa triste mémoire les années de son enfance, où, paisible auprès de sa mère, il vivait content et joyeux, sans regret de la veille, sans souci du lendemain ; aujourd'hui, victime de celui qui devait être son premier ami, son protecteur et son appui! O ma pauvre mère! si vous pouviez voir vos deux enfants, vous mourriez de douleur! Mon Dieu, pourvu que vous ignoriez toujours et le crime de l'un et la destinée de l'autre!

Il disait tout cela dans son gracieux patois savoyard; et le geolier, lorsqu'il causait avec lui, était touché d'intérêt et de pitié.

Le procès s'instruisit promptement; les preuves ne manquèrent pas, mais les juges et le jury étaient dans une anxiété extrême; car l'innocence de Jean les frappait tous. Les renseignements qu'on avait pris sur lui étaient parfaits : il ne fréquentait que les plus vertueux de ses camarades. Le pauvre Pierre, l'ami, le second père du jeune homme, ayant appris son accusation, arriva tout tremblant aux assises. Une foule immense était répandue dans la salle et aux portes du Palais-de-Justice. On ne voyait que des Auvergnats et de pauvres petits Savoyards tout en pleurs, faisant l'éloge de Jean Larzat, et nommant son frère comme un mauvais sujet. Le bruit de cette nouvelle accusation, le nom de Michel qu'on répétait de bouche en bouche, se fit entendre dans la salle des assises. L'accusé n'était pas encore arrivé. Au bruit d'une petite cloche, il parut, conduit par deux gendarmes et enchaîné.

Il était pâle et défait, des larmes roulaient le long de ses joues amaigries et décolorées. Pas un murmure ne s'éleva dans la salle, ce murmure ordinaire qui fait pâlir le plus grand criminel. On n'entendit que des larmes, on ne vit que de la pitié. La séance était ouverte. Le vieux Pierre fut entendu.

— Messieurs, dit-il dans son langage savoyard, Petit Jean est mon ami, je le connais depuis qu'il est à Paris, et je proteste qu'il est innocent. Je suis connu, moi Pierre Chemin, pour être un brave homme; voilà cinquante ans que je fais le métier de ramoneur dans Paris. On peut me croire, messieurs, voyez-vous. Vous ne savez pas tout; je vais vous apprendre bien des choses sur l'intérieur de Petit Jean. Il a un frère qui est un misérable, je vous le dis tout haut, parce que je dis la vérité.

— Prenez garde, Pierre Chemin, dit le président de la cour, vous allez peut-être vous faire une affaire bien grave, en accusant ainsi quelqu'un, sans être sûr de ce que vous avancez.

— Je le connais assez pour ne rien craindre, dit le vieux Savoyard ; je suis sûr de mon fait. Michel est un voleur ; il peut bien être un assassin. Jean n'a jamais été ni l'un ni l'autre.

» Messieurs, je vais vous conter ce qui luiarriva il y a deux mois environ :

»Le pauvre petitremettaittout l'argent qu'il gagnait à son frère, pour être envoyé soi-disant à leur pauvre mère. Il ne laissait au pauvre Petit Jean que quelques sous par semaine pour s'acheter du pain. Le petit, d'après mon conseil, cacha une partie de son gain, pour qu'il pût en disposer. Il le mit dans une petite bourse, qu'il glissa sous la paillasse.

» Un jour il voulut la chercher ; il ne la trouva plus ; elle avait disparu. Il me conta cela, tout en pleurant, le lendemain ; et, quand il causait avec moi, il me disait les voleries de son frère, le mal que cela lui faisait. Le pauvre enfant ! s'il avait suivi mes conseils, il ne serait pas où il est. Je lui disais bien : Jean, ton frère est un coquin ; il te perdra. Je l'aime, répondait-il doucement ; il deviendra meilleur. Voilà toutes les plaintes qu'il fasait de celui qui le maltraitait. Non, Jean n'est pas coupable ; et vous le serez bien à votre tour, messieurs, si vous ne profitez des détails que je viens de vous donner pour le sauver comme il le mérite.

Un murmure général s'éleva dans l'auditoire ; il était tout en faveur du pauvre Jean, qui, les yeux éteints, le visage allongé et souffrant, avait l'air d'un revenant de l'autre monde, plutôt que d'un habitant du nôtre. Incapable d'accuser son frère, mais trop irrité contre lui pour le défendre, il garda le silence, et ni les ordres des juges, ni son intérêt particulier ne purent le lui faire rompre.

Dès les premiers mots de l'accusation contre Michel on était parti avec l'ordre de l'amener ; mais il s'était échappé ; depuis l'arrestation de son frère, personne ne savait où il était. Cette fuite fut une nouvelle preuve contre lui. Le jugement fut suspendu ; Jean fut ramené à sa prison, et se reposa sur un petit tas de paille, accablé par les émotions de cette journée. Une fièvre lente le consumait depuis les premiers jours de son emprisonnement. Le pauvre jeune homme, peu préparé à de si grands revers, n'avait pu trouver dans son âme l'énergie nécessaire pour de pareilles douleurs. La pensée de sa mère surtout le mettait dans des accès de désespoir si affreux, qu'il lui semblait que sa raison l'abandonnait par moment, et qu'il devenait fou.

Une semaine entière se passa, et les juges, attendant toujours qu'on retrouvât Michel, avaient interrompu le procès, et donné leurs soins à un autre plaidoyer.

Depuis l'accusation de Pierre contre Michel, une foule de circonstances aggravantes étaient venues à l'appui de ce qu'il avait dit. La police, active, reconnut en quelques jours que le soi-disant Jean Larzat était bien Michel, et plusieurs de ses complices avaient été arrêtés. On le découvrit enfin, caché dans un grenier, vivant de pain et d'eau depuis un mois, afin d'éviter de rentrer ou de sortir. Mais la police n'est-elle pas aidée de la Providence? Nous devons le croire aux découvertes presque miraculeuse qu'elle fait des coupables.

Michel fut pris, jugé et condamné à mort. Le même auditoire, si instinctivement juste envers le pauvre Jean, fut impitoyable pour le criminel et pour le fratricide. Le peuple l'insultait tellement dans le chemin, que le prêtre qui l'assistait fut obligé de rappeler que le condamné était un homme, et qu'avant tout il fallait le plaindre. Mais tout le monde se séparait en murmurant encore des injures. Le peuple est impitoyable pour les crimes de famille !

Jean fut déclaré innocent et libre de reprendre ses occupations ordinaires.

Mais il avait été frappé au cœur. La mort affreuse de son frère lui fit encore plus de mal que tous ses malheurs personnels.

Brisé par tant de douleurs à la fois, jeté sur le

pavé de la grande ville, sans appui, sans un protecteur pour le soigner et le consoler, car le pauvre Pierre, atteint d'une maladie prompte, est mort dans ses bras la même semaine que son frère, tout cela, trop fort pour son âme jeune et faible, l'a rendu si malheureux et si malade, qu'il n'a presque pas la force de sortir pour tâcher de gagner quelque chose pour se nourrir.

On le rencontre quelquefois marchant lentement par les rues. Il n'a plus sa marmotte; durant sa longue prison elle fut négligée, abandonnée ou vendue par Michel; il demande l'aumône, qu'on lui refuse plus souvent qu'on ne la lui donne. Son procès ayant fait du bruit, les premiers jours il était au moins reconnu ou deviné. Mais, à mesure que le temps s'écoula, on finit par l'oublier; et j'ai vu des gens passer près de lui, le brusquer, en lui disant : « Travaille, grand paresseux. »

Si vous rencontrez un jeune Savoyard, d'environ seize ans, pâle, blond, aux yeux bleus, à la démarche faible et lente, ne lui refusez pas votre aumône et votre pitié, car c'est peut-être le pauvre Petit Jean, dont vous venez d'entendre la douloureuse histoire.

EDMOND ET HENRIETTE.

Le bonheur, la fortune, la paix de la conscience, sont toujours la récompense d'une conduite exemplaire, parce qu'elle ne manque jamais d'attirer l'attention et l'appui des gens vertueux.

Dans la ville de Compiègne existait, en 1789, un honnête charron, qui travaillait beaucoup et faisait vivre dans l'aisance sa femme et neuf enfants. Ce charron, qui se nommait Farin, fut, encore dans la force de l'âge, atteint d'une maladie mortelle qui dura plus de six mois. Sa femme, qui portait son dixième enfant, désolée de voir souffrir son mari, le veillait toutes les nuits : elle ne pouvait diriger les travaux de l'atelier; les ouvriers se dérangèrent, les pratiques diminuèrent, puis cessèrent tout-à-coup.

La maladie de ce chef de famille obligea sa femme à faire de l'argent des pièces de bois de charronnage qui étaient dans le magasin; on eut recours ensuite à la vente d'une montre d'or, à celle de couverts d'argent, puis enfin au meilleur linge de la maison. Quoique le pain ne fût pas cher alors, nourrir dix personnes par jour amenait une forte dépense, et celle des médicaments pour le pauvre malade était encore plus grande; enfin il fallut vendre jusqu'aux lits des plus jeunes enfants, et déja les infortunés étaient couchés sur la paille quand leur père mourut.

Peu de temps après la mort de son mari, la malheureuse veuve donna le jour à une jolie petite fille; mais, épuisée par les fatigues et par sa trop grande douleur, elle périt quelques jours après. Dix enfants sans père, sans mère ! que va devenir toute cette famille ?... La religion, les vertus, l'amour du travail, la soutiendront, et l'on ne verra point ces intéressants orphelins demander leur pain dans les rues, et risquer de prendre les vices des mendiants.

Sachant qu'elle ne pouvait payer une nourrice, et ne se croyant pas si près de son dernier moment, la pauvre veuve Farin voulait nourrir l'enfant que Dieu venait de lui donner. Heureusement une jeune voisine, qui allait sevrer son fils, au lieu de faire passer son lait, résolut de se charger, par charité, de cette petite infortunée, qui en tétant sa mère, aurait hâté l'instant de sa fin, et pris une trop mauvaise nourriture. Ce trait de bienfaisance apporta, comme vous le jugez bien, un grand soulagement aux maux de cette mère expirante.

Enfin sa dernière heure arriva : sa raison n'était point troublée, mais son cœur était déchiré lorsqu'elle pensait à cette famille qu'elle laissait si dénuée de tout. Depuis long-temps elle avait perdu ses parents ; et son mari, né dans une province très-éloignée, n'en avait aucuns qui pussent s'intéresser au sort de ses enfants.

Le respectable curé de l'endroit, la sœur supérieure de la Charité, qui avait élevé ses deux filles aînées, et de bonnes voisines, ne la quittaient plus ; toutes les consolations de la religion et de l'amitié adoucirent ses derniers instants.

On l'entendait sans cesse soupirer et dire : Que ferez-vous sur la terre, mes chers enfants, sans parents et sans pain ? Elle répéta pour la dernière fois ces paroles, mais d'une voix si affaiblie, qu'elle annonçait l'instant fatal. Alors Henriette rassemble tous les enfants, les fait mettre à genoux auprès du lit de leur mère ; Edmond s'écrie, avec un accent qui partait du fond du cœur et se mêlait à des sanglots étouffés : « Ma mère, je travaillerai » pour eux, je ne me marierai point, je serai leur » père ! — Et moi leur mère ! » dit en même temps Henriette.

La mourante se ranime à ces mots, et, soutenue par la supérieure, elle se lève sur son séant, étend sa main sur ses neuf enfants, qui fondaient en larmes, et dit :

« Henriette, Edmond, mes enfants, Dieu vous » bénira et je vous bénis en son nom. » Epuisée par un dernier effort, elle retombe sur son lit et expire. Ses amis, ses voisins, se cotisèrent pour payer les frais de son convoi : il ne fut pas celui des pauvres. Les enfants accompagnèrent les restes inanimés de leur tendre mère, et ce cortége si attendrissant attira presque toute la foule sur son passage.

Il fallut que les orphelins se hâtassent de quitter la maison de leur père : un chantier commode, un bel atelier, de bonnes chambres, décidèrent un charron à prendre le reste du bail. Au fond d'un petit jardin qui dépendait de la maison il y avait, au-dessus d'une ancienne étable, deux chambres et un cabinet lambrissés : on y entrait par une échelle de meunier ; le charron qui s'établit dans la maison eut la charité de laisser ce petit local aux pauvres enfants. A l'exception de quelques matelas, d'un peu de linge grossier, d'ustensiles de ménage, on vendit le reste du mobilier, et Henriette reçut, pour tout bien patrimonial de cette nombreuse famille, une somme de quarante francs.

L'habitude de la propreté devint un premier besoin de la vie, et la bonne mère Farin avait donné cette précieuse qualité à tous ses enfants. Henriette et Edmond ne voulurent pas que leur demeure fût d'une saleté rebutante; ils achetèrent un peu de blanc d'Espagne, Edmond le prépara à la manière des peintres en bâtiments, emprunta une brosse, et blanchit les chambres. Henriette s'établit avec ses sœurs dans la plus grande pièce, qui avait une cheminée; elle mit les quatre plus jeunes garçons dans la seconde: Edmond se réserva le petit cabinet.

Eclairé par une lucarne qui donnait sur la campagne, le jour y était fort bon, il y porta ses livres et les cahiers de ses classes; et dans ce petit réduit il continua ses études avec une ardeur excitée par le désir de sortir de sa triste position et de secourir sa famille. La chirurgie était l'état qu'il voulait embrasser, et le chirurgien qui avait soigné ses parents voulut bien s'engager à lui procurer tous les livres nécessaires.

Voilà donc les orphelins logés; mais, bien comparables à une nichée de pauvres petits oiseaux privés à la fois des ailes protectrices d'une mère, et de la pâture que leur apportait leur père, comment vont-ils vivre?

Dans une grande ville il y a toujours tant d'êtres souffrants, que la charité ne peut fournir à la totalité des besoins d'une nombreuse famille. Le bon curé de leur paroisse les porta sur ses registres d'aumônes pour quatre-vingt-seize livres de pain par mois ; la sœur supérieure leur fit donner huit livres de viande par semaine, une pinte de lait par jour, un boisseau de farine et une bouteille d'huile à brûler par mois. Ces secours considérables étaient cependant bien au-dessous des besoins de neuf enfants qui mangeaient onze livres de pain par jour : cela faisait trois cent trente livres par mois ; on leur en donnait seulement quatre-vingt-seize.

Henriette avait seize ans, Edmond quinze, Julie quatorze, Henri treize, Charles douze, Adélaïde onze, Amédée huit, Léon sept, Sophie six ; et la petite Alexandrine qui venait de naître, grâce aux soins de la bonne voisine, annonçait devoir vivre.

Henriette était très-habile ouvrière en linge, car elle n'avait jamais été parésseuse ; Julie avait suivi son exemple, et on la citait pour une des meilleures brodeuses de la ville : ces deux courageuses filles se levaient tous les jours à cinq heures, veillaient souvent jusqu'à onze heures du soir, et parvenaient à gagner par mois trente-trois francs. Adélaïde, très-habile à son rouet, filait de très-beau lin, ce qui tous les mois lui rapportait cinq francs : trente-huit francs formaient donc par mois le revenu de ces neuf enfants.

En retranchant, des trois cents livres de pain que les enfants consommaient pendant cet espace de temps, les quatre-vingt-seize livres accordées par le curé, il en restait à payer deux cent trente-quatre livres. Le pain bis dont ils se contentaient ne coûtait alors que deux sous la livre, ce qui employait vingt-trois livres huit sous. Il ne restait donc que quatorze livres douze sous pour acheter des pommes de terre, du sel et pour payer le savon, les aiguilles, le fil et le coton des ouvrières. Aussitôt qu'Henriette était levée, elle peignait, débarbouillait, habillait ses enfants; toujours munie d'une aiguille enfilée, elle raccommodait les trous ou les accrocs de la veille. Pendant qu'avec son heureuse activité elle réparait leurs vêtements, elle faisait faire la prière aux plus jeunes, ensuite elle leur donnait, à déjeuner, des pommes de terre cuites dans du lait, ou du fromage mou sur du pain; puis, après avoir mis dans le panier de ces enfants un catéchisme et un second morceau de pain, elle envoyait les deux petites filles à l'école des sœurs et les garçons à celle des frères lazarites.

Jamais on ne les voyait s'arrêter dans les promenades. Sans se détourner, sans oser parler à personne, ils se rendaient à l'école, et étaient toujours les premiers placés sur les bancs.

Dans les colléges des riches, comme dans les écoles des pauvres, sans qu'ils puissent s'en empêcher, les maîtres s'attachent de préférence à ceux de leurs élèves qui font le plus de progrès. Par devoir, ils donnent leurs soins à tous leurs écoliers ; mais un penchant auquel ils ne peuvent résister, et dont on ne saurait les blâmer, porte leurs cœurs vers les enfants qui savent écouter les leçons et en profiter.

Charles, Amédée et Léon ayant le plus grand besoin de s'instruire, furent bientôt les premiers de leurs classes; en peu de temps ils acquirent une jolie écriture, une bonne ortographe et la connaissance des calculs les plus nécessaires. De leur côté, Adélaïde et Sophie étaient les petites filles citées dans leur école pour leur bonne conduite et leurs progrès. Henriette avait prié la supérieure de rendre ses petites sœurs habiles dans le tricot et la filature du lin ; elle savait qu'on ne devient habile tricoteuse et fileuse qu'en commençant fort jeune à acquérir ces utiles talents. Elle se réservait de montrer son état à ses sœurs quandelles auraient fait leur première communion.

Tous les matins, après le départ des plus jeunes enfants pour leurs écoles, Henriette, Edmond, Henri, Julie, se réunissaient pour faire leur prière; ils déjeunaient ensuite, et, sans perdre un seul instant, Edmond s'enfermait avec Henri pour lui enseigner les calculs, la tenue dès livres de commerce, et pour perfectionner son écriture. Le parrain de ce jeune homme était un des plus riches marchands de Compiègne ; il avait promis de se charger de lui aussitôt qu'il pourrait se rendre utile à son magasin. C'était pour hâter ce moment qu'Edmond se donnait tant de peine à instruire son frère. Après cela, il se livrait cinq à six heures sans interruption à l'étude de ses chers livres de chirurgie et de médecine.

Henriette et Julie auraient pu gagner plus de trente-trois livres par mois, tant elles étaient habiles à l'aiguille ; mais, fidèles observatrices du saint jour de dimanche et des jours de fête, il y avait quatre ou cinq jours par mois sans travail ; il en fallait aussi employer trois à faire une petite lessive. Henri, qui avait atteint sa quatorzième année, était très-vigoureux. Tous les jours, après le travail dans le cabinet d'Edmond, il allait faire du bois dans la forêt. Ses frères, en sortant de l'école, allaient l'y retrouver, et l'aidaient à rapporter à la maison de fortes bourrées qu'ils rangeaient sous le hangard dans le jardin.

Henriette, qui ne manquait point de cendres, parce que ses bons frères ne la laissaient pas manquer de bois, et allaient lui chercher de l'eau à la fontaine, coulaient régulièrement sa lessive, puis allait avec Julie la remuer et la savonner à la rivière. Elle demanda aussi à ses jeunes frères de se lever avec le jour pour aller, à l'époque de la moisson, glaner de l'orge et de l'avoine chez des fermiers qu'elle connaissait; une voisine lui avait promis six poulettes des couvées de sa basse-cour; la bonne petite ménagère voulait de cette manière amasser leur nourriture; et, au bout de quelque temps, de bons œufs frais lui donnèrent une précieuse ressource pour son petit ménage.

Henriette, Julie et Edmond avaient conservé quelques paires de souliers; les autres enfants ne portaient plus que des sabots, et ils n'y avaient point été habitués; mais bientôt cette position changea par l'intérêt général qu'inspirèrent *les vertueux orphelins*. Oui, mes jeunes amies, ce fut ainsi qu'ils furent désignés dans toute la ville. Y a-t-il sur la terre des titres qui puissent surpasser celui que ces enfants durent à l'estime publique ?

Tout le monde était enchanté de la perfection des ouvrages d'Henriette et de Julie; de l'exactitude avec laquelle elles rendaient, et de leurs manières douces et polies. Bientôt elles furent préférées à toutes les autres ouvrières de la ville. De bonnes mères, qui admiraient leurs principes et leur conduite, vinrent les supplier de prendre leurs filles en apprentissage. On leur donna quatre élèves déjà avancées dans la première couture, telle que les ourlets et les surjets, et qui savaient très-bien marquer. Enseignées avec douceur et précision, elles furent très-promptement en état de détailler et de diriger leur propre ouvrage; elles en faisaient au moins autant que les deux maîtresses, et les trente-huit livres de revenu pour chaque mois se trouvèrent ainsi plus que doublées.

Les mères de ces apprenties, charmées des progrès de leurs filles, vinrent prier leurs jeunes maîtresses de les recevoir le dimanche et les jours de fête, de les mener avec elles à la paroisse, à la promenade; ce qui leur était d'autant plus facile, qu'Edmond ces jours-là se chargeait de ses frères.

Voilà donc Henriette à la tête d'une petite école. Au retour de la grand'messe elle faisait faire à ses élèves quelques bonnes écritures; après les vêpres, elle les menait dans les promenades solitaires, puis les reconduisait chez leurs mères. Ces braves femmes ne savaient quelles fêtes faire à une si bonne maîtresse : sans être riches, elles avaient de petits commerces assez lucratifs, et s'entendirent entre elles pour donner à Henriette des choses utiles à sa nombreuse famille.

Tantôt une de ces mères lui apportait un joli aunage de mousseline; tantôt une autre lui faisait cadeau de toiles peintes. Souvent on lui envoyait des lapins, des pigeons, des fromages; ces femmes reconnaissantes ne cuisaient jamais sans qu'une forte galette ne fût destinée aux vertueux orphelins, et elles ne tuaient pas un porc dans leurs ménages sans que la meilleure part de boudins et de saucices ne leur fût réservée. Vous pensez bien qu'Henriette et Edmond regardèrent alors comme un devoir de prier leur pasteur et la sœur supérieure de donner à des êtres plus infortunés qu'eux les secours qui leur avaient d'abord été si précieux.

Voilà comme le travail fait fuir l'horrible et honteuse misère. Cependant ses premiers succès ne ralentirent en rien le zèle d'Henriette. Six mois après, elle se trouva assez d'économies pour donner de bons souliers à ses jeunes frères et à ses petites sœurs.

Quel fut son bonheur le premier dimanche où elle n'entendit plus ses chers enfants *saboter* en traversant la nef de la paroisse pour aller prendre leurs places habituelles dans l'église ! Ses prières en action de grâces furent, ce jour-là, plus ferventes que jamais, et son âme attendrie connut ces moments de joie pure qui se renouvellent rarement sur la terre, et n'y sont éprouvés que par des cœurs vertueux.

En rentrant chez elle, Henriette, pénétrée de ces sentiments, s'enferma seule dans le cabinet ; elle s'y prosterna, et s'adressant à ses parents comme s'ils eussent été vivants : « Mon brave père, » ma tendre mère, s'écria-t-elle, vous n'êtes » plus ici-bas avec nous, et voilà vos enfants aussi » bien vêtus, aussi bien nourris qu'ils l'étaient » quand ils le devaient à votre travail, à votre » économie; jouissez, du haut des cieux où vos » belles âmes sont sûrement placées, jouissez,

» mes chers parents ; ce que nous avons fait est » votre ouvrage ; votre piété, vos bons exemples, » nous ont formés, et Dieu a béni vos dernières » prières et nos serments. »

Le cœur rempli de cette vive et touchante piété, Henriette se rendit à l'instant même chez la sœur supérieure amie de sa mère : « Ma sœur, lui dit- » elle, Dieu a récompensé mon zèle ; ma nombreuse » famille est pourvue de tout ce qui lui est néces- » saire ; dans ma reconnaissance, je viens contrac- » ter auprès de vous un nouvel engagement. J'aurai » bientôt dix-huit ans : dans douze ans, mes enfants » seront élevés ; mes frères aînés leur serviront » d'appui, ils n'auront plus besoin de moi ! alors » je me dévouerai pour le reste de mes jours aux » pieux devoirs de votre ordre. » La bonne sœur supérieure embrassa l'estimable Henriette et reçut son serment, bien certaine qu'elle y serait fidèle.

Deux ans après la mort des parents de ces orphelins, le chirurgien qui avait procuré des livres à Edmond fut si étonné de ses progrès, qu'il profita d'un séjour de la cour à Compiègne pour présenter ce jeune homme au premier chirurgien du roi. Satisfait de la facilité d'Edmond à traduire ses auteurs latins, étonné des lumières qu'il avait déjà puisées dans les livres de chirurgie, il lui promit son appui, et lui prédit de grands succès dans l'état qu'il avait choisi. Ce nouveau et puissant protecteur devait à ses seuls talents le poste honorable qu'il occupait, et conservait pour les êtres malheureux et laborieux les sentiments de bienveillance qu'inspirent les souvenirs d'une jeunesse peu fortunée.

Il accorda au jeune Edmond un ordre pour qu'on l'admît élève à l'hôpital de Paris, avec la nourriture ; il fit bien plus, il entretint le roi des talents et de la bonne conduite de cet orphelin, et obtint de Sa Majesté une gratification de six cents francs pour lui acheter une trousse d'outils et des livres utiles à sa profession. Lorsque Edmond partit pour Paris, le parrain d'Henri le trouva assez instruit pour le prendre dans sa maison de commerce ; les plus jeunes garçons suivirent toujours leurs écoles, et, cinq ans après, Edmond étant nommé chirurgien aide-major avec un traitement, obtint pour son frère Charles la place d'élève qu'il laissait vacante.

Du moment qu'Henriette eut trois hommes de moins à nourrir, le produit de son travail lui donna beaucoup d'aisance ; elle se logea plus commodément, reçut quatre élèves de plus, indemnisa avec générosité la bonne voisine qui s'était chargée de sa petite sœur Alexandrine, et reprit cette enfant qu'elle chérissait avec une affection particulière.

Julie était perfectionnée à tel point dans le talent de la broderie, qu'une des plus riches lingères de Paris, venue à Compiègne pour y voir ses parents, demanda avec instance à Henriette de lui donner sa sœur Julie. Le traitement que cette marchande lui offrait était très-avantageux; mais l'idée d'une séparation affligeait Henriette et Julie au point qu'elles étaient prêtes à refuser cette place, lorsque les avis et même les prières de leurs amis les décidèrent à l'accepter.

« Je prenais le plus tendre intérêt, dit M. de Campan, au sort de tous ces enfants, et je jouissais quand des événements heureux venaient récompenser leurs rares vertus. Mais les malheurs arrivés en France en 1790 me firent quitter Paris et Versailles, et j'avais été quatorze ans sans rencontrer aucune des personnes qui pouvaient m'instruire de la destinée de cette intéressante famille, lorsque le chirurgien de Compiègne, premier protecteur d'Edmond, eut occasion de me venir voir.

» Je m'empressai de lui demander des nouvelles des enfants du pauvre Farin, auquels il avait autre fois accordé tant de bienveillance; il me dit qu'assurément il n'aurait pas manqué de m'instruire du sort heureux de ces vertueux orphelins, et m'apprit qu'Edmond avait joint à ses études en chirurgie celles de la médecine, et qu'il la pratiquait avec succès à Paris, où il jouissait d'une très-belle fortune. Il y a six mois, me dit le bon vieillard, qu'Edmond a marié sa sœur à un jeune médecin de Montpellier établi à Paris, et qui y est déjà fort estimé; il est venu me prier d'assister à cette noce, et je ne puis vous donner une plus juste idée de la position actuelle de la famille Farin qu'en vous faisant la peinture fidèle du tableau à la fois touchant et moral d'ont j'ai été témoin le jour même du mariage de Sophie.

» Fidèle à son engagement, Edmond ne s'est point marié, et a même refusé de très-avantageux établissements; Henriette, aussi exacte à remplir son serment, a embrassé la vie monastique. Lorsqu'on a rétabli les ordres fondés par saint Vincent de Paul, ses vertus et ses talents l'ont promptement fait désigner pour supérieure d'un de nos plus grands hospices.

» Le jour du mariage de Sophie, de bonnes voitures conduisirent la totalité de l'assemblée à la paroisse d'Edmond, où se fit la cérémonie religieuse. En entrant chez lui, nous y trouvâmes un magnifique repas. Parmi tout le monde je ne connaissais que la sœur supérieure et son frère Edmond, qui n'a jamais cessé de me rendre tous les soins de la plus vive reconnaissance. Placé à table auprès d'Henriette, je la questionnai sur toutes les personnes qui composaient l'assemblée.

»Cette dame qui est au haut de la table, me dit-elle, c'est ma sœur Julie : le fils de la lingère chez laquelle elle était première fille de magasin l'a préférée à tous les partis auxquels il pouvait prétendre. Sa mère a heureusement partagé son opinion ; elle a consenti à cette union , et ma sœur se trouve à la tête d'un très-beau magasin de lingerie ; sa fortune est considérable ; elle vient de donner un très-beau trousseau à Sophie, qu'Edmond a dotée de quarante mille francs. Auprès d'elle, vous voyez mon frère Henri : son parrain l'épicier l'a marié à une de ses nièces, à laquelle il a donné un fond d'épicerie dans un gros bourg voisin de Compiègne ; elle a depuis hérité d'une assez belle ferme ; leur commerce a prospéré, ils jouissent d'une honnête aisance, et sont fort heureux.

»A côté de lui est ma sœur Adélaïde ; elle a renoncé au mariage et s'est dévouée aux soins qu'exige la maison d'un frère qui a fait tant de sacrifices pour servir de père à sa famille. Celui que vous voyez après, et qui a la croix de la légion, sans uniforme, c'est Charles, mon troisième frère ; il a servi long-temps nos armées comme chirurgien-major : sa santé exigeait du repos, il s'est fixé dans le bourg où réside Henri ; il y a fait de bonnes affaires, et s'y est marié avantageusement. Quel est, dis-je à la sœur Henriette, le jeune homme en uniforme de colonel ? Sa figure est charmante, et son extérieur tout-à-fait distingué. C'est mon petit Amédée, reprit la bonne sœur, son âge l'a naturellement conduit à embrasser la carrière des armes : on dit qu'il a fait des prodiges de valeur. Il est marié à cette jeune personne que vous voyez placée auprès d'Edmond, du côté opposé à celui où est la mariée ; elle est la fille d'un général dont Amédée a été aide-de-camp. A côté d'elle est mon plus jeune frère Léon ; il est déjà capitaine, et a reçu ce grade sur le champ de bataille.

»Quoi! m'écriai-je, voilà donc les étonnants succès qu'ont obtenus les soins et les bons exemples de deux enfants ! C'est Dieu qui a tout fait, me dit la pieuse sœur en me prenant la main, et ce n'est qu'en respectant ses lois que les hommes prospèrent sur la terre. Les yeux de l'estimable Henriette et les miens étaient remplis des plus douces larmes, lorsque notre entretien fut interrompu par la voix du colonel qui se leva tenant à la main un verre de vin, et de la meilleure grâce et du son de la voix le plus agréable, porta en ces mots la santé d'Edmond et d'Henriette : « Puisse » le ciel conserver la plus longue vie à notre ver» tueux frère Edmond, à notre vénérable sœur » Henriette ! puissent-ils voir long-temps nos en» fants marcher dans la route qu'ils nous ont » tracée ! puissent nos enfants à leur tour entre» tenir parmi eux les principes et l'union qui ont » été la source de notre bonheur ! »

»En prononçant ces derniers mots, la voix d'Amédée était altérée ; il s'assit et fut obligé de porter son mouchoir sur ses yeux. Les larmes que versent des gens d'une valeur éprouvée produisent toujours la plus douce émotion, et toute l'assemblée partagea celle du brave colonel; mais ayant dominé ce mouvement d'attendrissement, et ne voulant pas que trop de sensibilité vînt troubler une scène de joie, Amédée se leva de nouveau et « dit : Buvons tous à la santé d'Edmond et d'Enriette. » Alors les bouteilles circulèrent, les verres se remplirent, et les discours joyeux recommencèrent.

» Après que les santés furent portées, Amédée envoya à ses frères, à ses sœurs, à chacun de leurs enfants et à toutes les personnes invitées, une belle médaille en bronze qu'il avait fait frapper pour conserver dans la famille la mémoire de cet heureux jour. Sur un côté de la médaille on lisait ces mots : « Hommage aux vertus d'Edmond » et d'Henriette Farin, restés à quinze et seize ans » chef d'une famille de dix orphelins dont le sort » est parfaitement heureux. » La date du jour du mariage et les noms des époux étaient gravés au-dessous de ces mots; de l'autre côté était exécuté en bas-relief la fable de La Fontaine où le père de famille fait voir à ses enfants que beaucoup de baguettes réunies et liées ensemble ne peuvent être rompues, mais que séparées et désunies, chacune dans leurs mains, il leur devient facile de les casser. De ce côté de la médaille on lisait ces

« mots : L'union des familles fait la force et leur » bonheur. »

» En sortant de table, la sœur Henriette m'invita à passer dans une pièce voisine de la salle à manger. Là je vis, autour d'une table couverte d'assiettes de pâtisseries, de fruits, de confitures, quatorze enfants brillants de cet éclat de santé, de cette fraîcheur du premier âge, encore embellis par l'élégance de la parure : l'aîné de tous était un joli garçon de dix ans ; les plus jeunes avaient quatre ou cinq ans. Alexandrine s'était chargée du soin de Félix, et de soigner ses neveux et nièces.

» Elle se leva pour venir recevoir sa sœur, qui me la présenta. Je vis une jolie blonde d'une taille très-élégante, vêtue en flamine noir, et n'ayant qu'un bonnet et un fichu de simple mousseline. Henriette me dit qu'Alexandrine voulait, à son exemple, se dévouer au service de Dieu et des pauvres. « Oui, reprit cette jeune personne en » s'emparant de la main de sa sœur qu'elle baisa » avec transport, au service de Dieu et des pau- » vres, et aux soins que je dois à la plus tendre » des mères ; Adélaïde s'est chargée d'acquitter » note reconnaissance envers Edmond, et moi » j'aurai le bonheur de ne jamais quitter notre » bonne Henriette. »

Quelle puissance, quelle magie avait produit

un changement de position aussi surprenant ! La bonté divine, qui à la fois donne et récompense la piété, l'amour du travail, la sobriété et la modestie, en avait seule la gloire.

LA PERSÉCUTION.

« Ah ! monsieur, disait un jour le vieux Valentin à son maître, que deviendrons-nous si tout cela continue long-temps ? Que ferez-vous ? vous surtout, car moi je suis un pauvre homme obscur qui ne blesse ni croyance ni politique ; mais si vous étiez découvert, votre affaire serait bientôt faite.

— Il arrivera ce qui plaira à Dieu, dit l'abbé de Sérigny. Nous vivons dans un temps où le martyre est aussi répandu que dans les premiers siècles de l'église, et bien moins méritoire; car le supplice est si court ! Jusqu'ici la Providence ne m'a pas trouvé digne de souffrir; mes frères massacrés (1) au pied de l'autel sont aujourd'hui dans la gloire. Le combat est terminé pour eux. Ils se cachaient comme moi, cependant ils ont été découverts.

— Monsieur, je crois que le mieux, dans cette affaire, est de laisser le bon Dieu terminer la chose à son gré. Vous vous sanctifiez bien autant par les soins que vous me rendez, que si vous alliez à la mort pour ne rendre service à personne. Seigneur ! quand j'y pense ! comme nous vous avons élevé et comme vous voilà ! Quand je vous vois laver mon linge, penser mes plaies, travailler pour me donner du pain, et me servir comme mon laquais, il se passe en moi je ne sais quoi qui me bouleverse le cœur. Mon bon maître! je vous brusque et vous rudoie quand mes souffances sont trop fortes, et vous me bénissez sans vous plaindre !

— Allons, tais-toi, Valentin, répondit M. de Sérigny; qu'est-ce que cela veut dire, de parler d'un bienfait à celui qui nous le rend? c'est comme un reproche à celui qui l'oublie. On ne dit pas de ces choses-là. Il ne te va pas mieux, vois-tu,

---

(1) Massacre des Prêtres au 2 septembre 1792.

de me parler du peu que je fais pour toi, qu'il ne m'appartient de te le faire sentir.

— Pardon, dit Valentin; c'est qu'il m'est aussi impossible de ne pas vous admirer, que de ne pas vous brusquer quand je souffre. Pardonnez l'un et l'autre. — Et il se remit sur son oreiller.

L'abbé de Sérigny, croyant qu'il dormait, reprit son ouvrage. Il avait appris, dans sa jeunesse, le métier de tourneur, bien éloigné alors de prévoir de quelle utilité ce talent lui serait pour l'avenir. Il faisait de petits meubles très-élégamment tournés, et le produit de son travail l'aidait à vivre et à soutenir un vieux domestique infirme qui l'avait élevé. Valentin avait près de quatre-vingts ans; la faiblesse de son esprit s'était encore augmentée à la vue de tous les évènements qui se passaient alors sous ses yeux : la crainte, l'inquiétude, le bouleversèrent; sa santé, déjà très-altérée par l'âge, fut tellement attaquée, qu'il devint infirme en peu de mois, et obligé de garder constamment le lit. L'abbé de Sérigny, encore dans la force de l'âge, devint pour lui une seconde providence. Il le soignait comme son père, lui donnait tout ce qu'il lui était possible pour contenter ses désirs de malade, en se refusant pour lui le nécessaire. Souvent aigri par la souffrance, le serviteur injuriait le maître; mais celui-ci ne prenait aucune attention aux paroles de son vieux domestique; il gardait le silence et répondait, quand il y était forcé, avec une douceur angélique. Alors Valentin demeurait tout confus et honteux et faisait des éloges pompeux de son bienfaiteur, comme nous venons de l'entendre; il se perdait en remerciments pour faire oublier ses travers, sans comprendre qu'ils étaient d'avance pardonnés.

Après une heure de silence, Valentin appela M. de Sérigny.

— Monsieur, venez donc ici, lui dit-il.

— Me voilà, reprit promptement son maître en accourant près de lui.

— Monsieur, aidez-moi donc à trouver une meilleure position... Voulez-vous me panser? Ma jambe me fait bien mal. Ah! Dieu, que c'est triste d'être malade! Vous êtes bien heureux vous: au moins vous pouvez aller et venir; moi, je suis là comme un pauvre chien!

— Hé bien! mon ami, voulez-vous que je refasse votre lit; probablement tout à l'heure je n'ai pas bien réussi; je vais voir à mieux faire. Appuyez-vous sur moi.

— Ah! comme vous y allez fort, dit Valentin en le repoussant.

— Je prends cependant bien attention pour ne pas vous faire mal, je vous assure. En effet, il y mettait une précaution infinie.

—C'est que lorsqu'on souffre, dit le vieux, on est si difficile.

— Je conçois cela. Etes-vous bien maintenant ?

— Oui, merci, je suis mieux. Je voudrais manger, dit-il après un moment de repos.

— Bien, et que voulez-vous ?

— Eh ! ce que vous aurez, bon Dieu ! Nous ne sommes pas ici dans l'hôtel du feu duc votre père.

— Je m'en aperçois, dit l'abbé de Sérigny avec douceur ; et il alla préparer le souper de son domestique.

— Dépêchez-vous, monsieur, lui cria-t-il de son lit ; vous êtes lambin comme si vous dormiez debout. Le souper fut apporté promptement.

— Cher monsieur l'abbé, dit Valentin en se radoucissant un peu à la vue de l'angélique bonté de son maître, vous n'êtes pas fort cuisinier ; de mon temps je vous faisais meilleure cuisine.

— Cela peut bien être, dit M. de Sérigny en riant. Que veux-tu, j'y mets tous mes soins ; demain, peut-être, je ferai mieux ; allons, prends courage.

— Monsieur, vous ne vous coucherez pas bientôt?

— Non, si tu as besoin de moi...

— Oui, j'en aurai besoin.

— Eh bien ! je resterai tant que tu voudras.

— C'est que, voyez-vous, quand on est malade, on aime à voir quelqu'un rôder autour de soi.

— Mais tu n'a pas de fièvre le soir.

— C'est égal, j'en aurai peut-être.

— Soit, dit son maître, je resterai jusqu'à ce que tu me dises d'aller me coucher.

Le serviteur demeura tranquille.

C'est ainsi que se passait la vie du pauvre abbé de Sérigny; il ne s'en plaignait pas, puisqu'il y voyait un exercice constant de patience et d'abnégation. Quelle que soit l'humeur de ce pauvre homme, pensait-il, puis-je assez la supporter, en songeant à tout ce qu'il souffre. La patience est bien facile à celui qui n'endure rien. — Et il s'ôtait ainsi un mérite, en trouvant pour l'autre une excuse.

Les jours, les mois s'écoulaient. La France, toujours ensanglantée, plus meurtrie que meurtrière, gémissait sous le poids d'une domination détestée, préparant sa vengeance tout en se soumettant encore. A mesure qu'un nouveau maître arrivait pour gouverner Paris, sa tête était abattue par ceux mêmes qui l'avaient élevé la veille et qu'il fatiguait de ses crimes.

La persécution qui s'étendait sur le pays, jadis théâtre unique de fêtes et de plaisirs, développa des beautés morales que le bonheur et la tranquillité font périr.

Tombés en un jour du faîte des grandeurs au pied d'un échafaud, des femmes, des enfants, des vieillards, y vinrent mourir, comme jadis les premiers chrétiens dans l'enceinte du Colysée. Remplies de souvenirs de la veille, encore parées pour ainsi dire de guirlandes et de fleurs, des jeunes filles, des jeunes femmes allaient à la mort comme à leurs fêtes. L'une (mademoiselle de Béranger), entendant condamner sa mère, cria : Vive le roi ! au milieu du tribunal, et ses quatorze ans reçurent la double couronne de l'amour filial et du martyre. Marie-Antoinette, dont le seul crime fut d'être reine et d'avoir porté une couronne, a souffert bien des morts anticipées avant que le coup de grâce vînt lui apporter le repos. Elle fut grande jusqu'à sa dernière heure Elle eut le vrai courage de la femme accablée, la faiblesse silencieuse; ses forces étaient épuisées, elle était presque morte avant d'arriver à l'échafaud, mais toutes les grâces de la femme se révélaient au milieu de cette faiblesse et d'une dignité que rien ne put démentir.

Toutes les vertus furent poursuivies; la foi, le serment, l'honneur, furent obligés de se cacher ou de fuir. Plus de liens, plus de fraternité. Les églises furent dévastées, les croix brisées et profanées; les prêtres furent mis à mort avec une inconcevable fureur, le calendrier même remplacé par des noms de légumes et de fleurs. Un homme arrivé dans ces horribles jours des extrémités du pôle eût pensé que notre France était au pouvoir d'ennemis d'une autre foi et d'une autre nature que nous! et, pour achever ces innombrables folies, une femme, habillée de mousseline dorée et couronnée de fleurs, faisait la statue de *la raison*, au milieu de nos places publiques. Le fils dénonçait son père, et le père son fils. Mais pour réparer ces infamies, au sein de nos prisons, un père mourait pour son fils ; entendant arriver le geôlier qui demandait le jeune homme : « C'est moi, dit-il, ne faites pas de bruit, évitez à mon père un adieu trop déchirant. » Il fut à la mort avec joie. André Chénier, victime d'une haine fraternelle, et plus encore de son génie qui était assez pour le faire condamner, mourut à vingt-cinq ans, plein de talents et d'espérance. « Quel dommage ! disait-il en montrant son front, j'avais encore tant de choses là. Toutes les sciences eurent leurs martyrs, toutes les vertus et toutes les grandeurs. On ne voit réellement pas comment ceux qui gouvernaient alors se rendaient encore une si profonde justice, en comprenant ainsi tout ce qui leur était supérieur.

Madame Elisabeth suivit de près la reine. Son crime, à elle, fut de n'avoir jamais commis de faute. Elle mourut comme un ange, en souriant à ses bourreaux.

Dans les provinces, la même persécution s'étendait sur les mêmes individus. A Quiberon, madame de C***, jeune femme de seize ans, jeune mère de quelques jours, reçut la mort avec son mari ; fusillés en même temps, morts tous deux à la même heure. « Oh ! ne pleurez pas, disait-elle à ceux qu'elle voyait attendris, je meurs dans toute l'illusion du bonheur; peut-être un peu plus tard il m'eût été retiré. » A Toulouse, le comte Du Bourg était amené dans une charrette et traîné à Paris pour y être exécuté. Son fils, alors âgé de quinze ans, suivit à pied la voiture qui amenait tout ce qu'il avait de plus cher. Au moment de monter sur l'échafaud, il aperçut son fils mêlé parmi la foule, et qui l'avait suivi jusque-là... Il eut le bonheur de comprendre que son père l'avait remarqué.

Mais un des crimes les plus affreux de la révolution, parce qu'il est encore plus dénué de raison que les autres, si c'est possible, c'est la mort de l'abbesse de Montmartre.

Jeanne de Montmorenci, abbesse de Montmartre, avait plus de quatre-vingt-quinze ans lorsqu'elle fut arrêtée ainsi que plusieurs de ses compagnes, étant accusées d'avoir conspiré contre l'État. Elle était aveugle et tellement sourde qu'elle ne sut pas même où on la menait lorsqu'elle fut traduite à la barre.

Religieuse depuis l'enfance, n'ayant jamais vécu au milieu des grandeurs et des intrigues de la cour, l'éclat de sa naissance et le nom qu'elle portait n'avaient même aucun prix à ses yeux, puisqu'elle n'en pouvait faire aucun usage sur la terre.

Elle parut donc devant le tribunal, se croyant probablement au sermon, car elle ne pouvait distinguer que les masses et aucun son n'arrivait à son oreille. Cette enceinte, où tant de cœur flétris avaient battu d'angoisse depuis une année, était pour elle un asile inviolable comme le cloître qu'elle venait de quitter. Paisible, silencieuse, elle tenait entre ses doigts les grains d'un gros chapelet de bois noir, et priait en attendant qu'on l'emmenât dans sa cellule, car il est certain qu'elle se croyait au couvent.

A ce spectacle si nouveau, ses juges parurent déconcertés. Quelle probabilité qu'une femme de cet âge et dans l'état d'anéantissement où elle était ait pu penser à quelque chose des choses de ce monde! Cependant on voulait sa tête; Montmorenci et religieuse, c'était trop de ces deux motifs pour qu'on pût l'épargner.

« Jeanne, dite Montmorenci, cria un des juges, avez-vous quelque réponse à faire et quelque justification à nous donner pour détruire l'*horrible* accusation qui pèse contre vous? » Elle n'entendit pas un mot de ces étonnantes paroles, et resta, comme avant, sans bouger. Une des religieuses qui était près d'elle prit la parole. Sa voix était si tremblante, qu'à peine put-on l'entendre. Elle avait vingt ans, son visage était pâle; ses traits, pleins de jeunesse et de crainte, contrastaient étrangement avec ceux de sa supérieure, aux rides profondément marquées, au teint jaune et basané, et dont le corps, plié en deux par la vieillesse et les infirmités, ne pouvait presque plus se mouvoir.

— Messieurs, dit la jeune religieuse.

— Nous ne sommes pas des *monsieurs*, nous sommes des citoyens; on nous appelle *citoyens*, entends-tu? Parle plus haut, d'abord, parce que tu n'es pas ici à ton couvent, et que ta voix miellée ne nous convient pas du tout.

La malheureuse trembla plus fort encore.

Hélas! la vue de ces misérables était bien faite pour la bouleverser, la pauvre jeune fille! Huit jours auparavant, son père, sa mère et son grand-père avaient péri sur l'échafaud! C'étaient eux qui les avaient condamnés.

— Citoyens, reprit-elle enfin, notre supérieure ne peut vous répondre, car elle n'entend rien de tout ce que vous dites; elle est absolument sourde depuis près de quinze ans.

— Cela ne l'a pas empêchée de conspirer contre l'État, ajouta un des trois.

— C'est bien impossible! Depuis qu'elle est aveugle on ne peut même plus lui faire rien comprendre; elle ne s'occupe tout le long du jour qu'à prier Dieu comme nous.

— Eh bien, dit un des juges, puisqu'elle ne peut se justifier elle-même, et que son crime est *évident*, mettez qu'elle a conspiré *sourdement* (1),

(1) Ce mot est historique.

et qu'elle est condamnée à la peine capitale, elle et ses compagnes que voilà.

Il y eut dans l'auditoire un murmure faible et prolongé. Les trois juges, jetant un regard sombre autour d'eux, firent taire les consciences prêtes à se révolter d'horreur. Chacun trembla pour soi, et tout rentra dans le silence.

L'abbesse et ses compagnes furent conduites le même jour à l'échafaud. On les entendit chanter des cantiques et réciter des prières. Jeanne de Montmorenci fut à la mort croyant aller dans son lit; on fut obligé de l'y porter, et elle se trouva au ciel sans avoir compris la mort. Les religieuses suivirent une à une, tremblantes et courageuses à la fois, craignant le supplice et le désirant. Dix minutes étaient à peine écoulées, que leurs âmes se reposaient déjà dans un monde meilleur, et tout combat était terminé.

L'abbé de Sérigny demeurait donc caché, et jusqu'ici on n'avait pas eu d'éveil sur le lieu de sa demeure. Quelques âmes pieuses, qui la connaissaient, venaient le trouver de temps en temps. Tantôt c'était pour un mariage, tantôt pour un baptême ou pour une confession. Le courageux ecclésiastique était heureux du zèle de ses frères, et compromettait sa vie avec joie pour leur sauver l'éternité. Si j'eusse émigré, pensait-il, je ne leur serais pas utile; ici, du moins, ils trouvent une consolation pour soutenir les épreuves qui les attendent, et la force de les surmonter. La parole de Dieu les console et les encourage.

Rien n'était plus touchant que ces mystérieuses dévotions ; ce prêtre et ces chrétiens rassemblés dans une petite chambre de louage, comme aux temps des premiers siècles de l'Église, entendant la messe et priant Dieu avec un mystère qui doublait leur ferveur; communiant pour s'unir à une chère âme récemment envoyée au ciel par la persécution, ou pour prier que Dieu sauvât celles qui étaient encore épargnées. Souvent l'abbé de Sérigny, appelé près d'un mourant pour l'assister à sa dernière heure, sortait plein de courage, sans réfléchir que c'était peut-être un piége qu'on lui tendait, et qu'il allait trouver la mort pour lui-même, au lieu d'être utile à ses frères ; mais il ne considérait rien : et quand Valentin le voyait ainsi s'éloigner, il pleurait en embrassant son maître. Celui-ci, tout glorieux, lui disait en rentrant :

— Tu vois bien, mon ami, il ne m'est rien arrivé, et j'ai peut-être sauvé une âme de plus.

— Patience, disait Valentin, mon pauvre maître, tout cela n'est pas fini.

— Il arrivera ce qui plaira à Dieu ; il ne faut pas craindre tant une chose qui, après tout, doit nous arriver infailliblement. Si la résignation est nécessaire, c'est bien vis-à-vis de la mort, puisqu'elle est inévitable.

Un jour que l'abbé de Sérigny était, comme de

coutume, occupé à son ouvrage, en tenant compagnie au vieux Valentin, il vit entrer chez lui un jeune homme et une jeune fille, qui vinrent le trouver en le priant de leur donner la bénédiction nuptiale. La jeune personne avait à peine quinze ans, le jeune homme dix-huit.

Leur physionomie calme et candide frappa M. de Sérigny. Il voulut causer quelques moments avec eux, pour savoir un peu comment ils se trouvaient ainsi seuls et si abandonnés.

Ils contèrent leur histoire en peu de paroles et avec une simplicité charmante.

« Nos parents, dit Alfred de B***, étaient intimement unis. Dès le berceau je fus fiancé à Claire, et nous avons été élevés ensemble ; nous ne nous sommes jamais quittés un seul jour. Ayant perdu son père et sa mère la première année de sa naissance, Claire a toujours été avec moi, et mon père l'aimait comme son enfant. Il fut, hélas! une des premières victimes de notre révolution. Ma mère, en devenant veuve, et menacée elle-même d'être arrêtée, fut obligée d'émigrer ; elle ne pouvait nous emmener avec elle. Nous fûmes confiés aux soins de la vieille gouvernante de Claire ; ma mère lui recommanda de nous amener près d'elle aussitôt qu'elle le lui ferait dire, et promit de nous donner de ses nouvelles. Mais voilà déjà près d'une année, et nous n'en recevons aucune. Mon inquiétude à ce sujet serait plus grande, il est vrai, si je ne savais qu'il lui est bien difficile de nous écrire sans nous compromettre, et c'est probablement, j'espère, la seule cause de son silence. Nous allâmes donc habiter avec miss Anna. Elle mourut il y a deux mois. Depuis lors, je suis allé demeurer dans la maison voisine, et Claire est restée dans la sienne; elle s'est chargée du soin de son petit ménage et du mien. Nous dînons et déjeûnons ensemble.

A ces mots Claire sourit en regardant Alfred.

— C'est elle qui fait la cuisine, dit-il en devinant sa pensée. Je vous assure qu'elle ne s'en tire pas trop mal.

— C'est bien de l'indulgence, pauvre Alfred, dit Claire avec une grâce charmante.

Valentin pensa: Ça va probablement à peu près comme ici. Grands seigneurs cuisiniers ne peuvent rien faire de bon.

— Enfin, continua Alfred, elle est si bonne, si grande surtout dans le malheur et si courageuse, qu'elle me ferait presque oublier tout ce que je souffre, si elle n'en souffrait avec moi, et plus que moi. La journée se passe à peindre ensemble; nous vendons nos ouvrages à un brave homme qui nous les achète bien cher. Depuis que nous avons perdu sa gouvernante, nous avons plus d'occupation, elle surtout, qui est chargée d'une infinité de petits soins; nous sommes moins à notre aise ; mais enfin nous ne nous plaignons pas.

— Dis donc tout, Alfred, interrompit Claire.

— Elle veut dire, reprit-il, que, voyant l'armée de Condé s'organiser, je voulais m'y rendre et venger mon père. Il me semblait que je ne devais pas avoir un moment de repos, tant que je n'aurais pas tué un de ces *bleus* qui avaient tué mon père ! ! ! Mais elle me représenta l'abandon où j'allais la laisser. Les dangers de toute espèce qu'elle avait à craindre se présentèrent à mon esprit. Je n'eus pas le courage de l'abandonner ainsi. Je suis resté ; j'ai renoncé pour elle au bonheur de me battre contre des ennemis et des persécuteurs.

» Nous avons donc vécu ainsi que nous vous le disons, jusqu'à ces derniers jours. Un de nos amis nous fit connaître votre demeure ; nous avons dit : Nous irons demain, et nous voilà. Nous venons vous demander aujourd'hui de bénir une affection que les nôtres ont approuvée, que mon pauvre père eût été si heureux de bénir avec vous. » Des larmes s'échappèrent des yeux du jeune homme.

Ce récit avait vivement touché M. de Sérigny : la pureté de cœur de ces jeunes gens, la fraîcheur de leurs sentiments, conservés purs au milieu de la corruption générale qui les entourait, le pénétrèrent d'admiration.

« Oh ! Dieu, leur dit-il, Dieu vous doit sa bénédiction ; je vous la donne en son nom. Recevez-la, mes enfants, et demeurez-lui fidèles. De tous les biens, le plus précieux est celui que vous avez choisi. »

Après les avoir entendus l'un et l'autre en confession et les avoir admirés en secret, l'abbé de Sérigny s'occupa de dresser l'autel pour dire la messe ; Claire l'aida dans les soins qu'il prit pour le parer le mieux possible ; et, de son lit, le vieux Valentin assista à cette pieuse et touchante cérémonie.

Tous deux se mirent à genoux, prononçant aux pieds du prêtre le serment solennel, avec une paix et une sécurité pleines de bonheur. Si le bonheur pouvait être certain à des cœurs pour l'avenir, c'était bien à ceux-là ! Mais l'avenir !...

Les flambeaux brûlaient encore, les habits ecclésiastiques n'étaient pas serrés, que des coups frappés plusieurs fois à la porte firent tressaillir tout le monde.

— Grand Dieu ! qu'est-ce que ce bruit ? dit Claire épouvantée.

— Ce sont des républicains, répondit froidement M. de Sérigny, nous n'en pouvons douter ; nous sommes découverts. Le tumulte est bien sûrement dirigé de notre côté.

— Ils vont te prendre, Alfred, dit Claire en

tombant à genoux devant la croix qui était encore sur l'autel !

Les coups redoublèrent.

— Je dois ouvrir, dit le saint abbé. La résistance est inutile.

— Ouvrez, criaient des voix tumultueuses.

L'abbé de Sérigny se présenta le premier.

— Ah! ah! dit un des bandits, voilà comme vous êtes fidèle à la république.

— Je ne crois pas lui avoir jamais fait de serments, répondit-il avec un calme parfait.

— Eh bien! tu vas lui en faire alors. — Et toi, chanteur de messe, qu'est-ce que tu fais là, au lieu d'aller aux frontières avec les autres ?

Alfred le regarda sans lui répondre.

— Allons, vite, dépêchez ; qu'on emmène tout cela en prison, jusqu'à *nouvel ordre*.

Puis apercevant Valentin dans son lit :

— Et celui-là que fait-il comme un grand paresseux, couché comme un prince ?

— Il est malade, dit l'abbé de Sérigny, il ne peut se lever ; d'ailleurs, c'est mon domestique ; cette classe, vous l'épargnez généralement ; je vous demande de le laisser en repos.

— Pardi, oui vraiment, domestique d'aristocrate ! belle canaille pour la laisser dormir. Allons, oust, dit-il à Valentin en le jetant hors du lit ; habille-toi et suis les autres. Vieux coquin, tu ne vaux pas mieux qu'eux tous.

L'abbé de Sérigny aida son pauvre vieux serviteur à mettre ses habits, et deux soldats portèrent Valentin en prison. Son maître, Alfred et Claire le suivirent.

— Hélas, disait en chemin la jeune fille, hélas! mon Alfred, voilà nos fêtes de fiançailles. Oh! quel temps que celui qui détruit le bonheur des particuliers et qui tue la jeunesse pleine d'avenir!

Alfred ne pouvait lui répondre; il la regardait en silence dans l'angoisse du désespoir. Ne pouvoir la sauver! pensait-il; la perdre et ne pouvoir au moins mourir pour elle et l'arracher à ses bourreaux! Il y avait des moments où sa raison se troublait, tant ces pensées lui brisaient le cœur.

Tous quatre parurent devant le tribunal révolutionnaire. Pris aux pieds de l'autel, l'un disant la messe, les autres l'entendant, ce crime seul était bien suffisant pour fournir à leur condamnation.

Lorsque Alfred et Claire parurent dans l'auditoire, l'une déclarant quinze ans, l'autre dix-huit, tout le monde fut ému de pitié.

— Diable! vous êtes bien jeunes, dit un des *représentants du peuple*. — Veux-tu porter le mousquet, dit-il en s'adressant à Alfred?

— Oui, à l'armée de Condé.

— Ah ! vraiment. Eh bien ! on t'y enverra, sois tranquille.

Oh! non, reprit Alfred avec ironie, vous me mènerez où vous avez mené mon père.

— Qui est ton père ?

— Le marquis de Beuil.

— Ah ! il y a long-temps qu'il est trépassé celui-là. Alfred pâlit de colère et d'indignation.

— Eh bien ! qu'est-ce que tu dis pour tes raisons ? demanda-t-il à Claire.

— Je dis que je veux le suivre.

— Ah ! tu veux le suivre à la mort?

A ces mots, elle trembla comme une feuille.

— Oui , à la mort.

Il se mit à écrire.

Puis vint le jugement de l'abbé de Sérigny, qui fut aussi bientôt décidé ; puis celui du vieux Valentin, qui ne pouvait se soutenir. Il était appuyé sur le bras de son maître, et regardait tristement cette scène redoutable. Mais une autre scène vint se passer au milieu de cet effroi général, touchant et pieux souvenir de la pauvreté et de la reconnaissance. Le cœur, en ces temps déplorables, eut sa poésie, représentée sous toutes les formes et toutes les grandeurs.

L'abbé de Sérigny était, avant la révolution, l'aumônier des petits Savoyards de Paris. Soutien de ces malheureux enfants, c'est à lui qu'ils en appelaient quand ils étaient par trop maltraités de leurs maîtres. Malades, c'est auprès de lui qu'ils trouvaient des secours et des consolations. Il était un objet de respect et d'adoration au milieu de cette troupe orpheline et errante. Les nombreuses aumônes qu'il avait demandées pour eux lui avaient même permis de former le projet d'un hôpital où il pût les rassembler tous quand ils seraient malades et les sauver de l'horrible détresse à laquelle ils étaient réduits. Mais 89 arriva pour détruire ce projet philantropique, comme il détruisit tant d'autres.

Ces pauvres enfants apprenant que M. de Sérigny est conduit devant le tribunal révolutionnaire, se rassemblent au nombre de plus de deux cents, et vont en masse à la convention. Le plus jeune de tous, âgé de dix ans, les yeux pleins de larmes, ses cheveux blonds tombant autour de sa tête, le bonnet à la main, se précipite à genoux devant les juges, et prononce le mieux et le plus clairement possible sa touchante et naïve prière.

— Sauvez notre père, disaient-ils tous ensemble. Il était si bon pour nous ; il ne peut avoir fait de mal à personne. Sauvez-le, nous le demandons tous.

— Voyez-vous comme il soulève le peuple ! dit un des représentants ; ces petits savoyards ne sont pas venus d'eux-mêmes, bien sûr.

— Il m'eût été difficile, dit l'abbé de Sérigny, touché aux larmes de tant de reconnaissance, de leur faire savoir ce qui venait de m'atteindre. Et d'ailleurs il faut leur candeur et leur simplicité pour croire que cette démarche puisse me sauver en aucune manière; ils ne savent pas à qui ils ont affaire.

« Retirez-vous, mes amis, leur dit-il avec douceur. Ce tribunal n'est pas celui de Dieu. On ne fait pas grâce, ici. Recevez, néanmoins, l'expression de ma reconnaissance pour votre amitié et le souvenir que vous me témoignez, au moment où tout me délaisse et m'oublie. Adieu, mes enfants, souvenez-vous des instructions que vous avez reçues, et priez pour moi. »

Les soldats forcèrent les petits ramoneurs de s'éloigner promptement; l'auditoire demeura saisi d'une émotion violente, tant cette scène l'avait profondément touché.

Tous quatre furent condamnés à mort. Egalement pleins de foi, ils entendirent leur sentence avec une force étonnante. Oh! comment arrêter sa pensée, sans avoir le cœur brisé au souvenir de tout ce qu'ils ont souffert? Aucun d'eux ne pensait à lui; c'est d'un autre qu'il s'occupait. Frêle, délicate, accablée de douleur et de regret, Claire fut à la mort en pleurant son avenir perdu, et, la main dans celle de son époux, n'osait le regarder, tant il lui manquait de forces morales pour accomplir son sacrifice. L'abbé de Sérigny, pieux, fort, résigné, contemplait ce spectacle avec un intérêt profond, comme s'il était étranger à cette scène épouvantable...

J'abrègerai, je n'irai pas plus loin. Il est des souffrances qui sont trop horribles à rappeler, des crimes dont le seul souvenir flétrit l'âme, sans l'élever, même pour le maudire. Ils ne rendent pas meilleur en se faisant détester; on gagnerait toujours davantage à ne les pas connaître. La seule impression qui domine toutes les autres, après le récit de tant de misères humaines, c'est qu'en général l'humanité est misérable, c'est qu'elle ne vaut quelque chose qu'éclairée par la religion et soutenue des vertus de la foi. Chaque fois que l'histoire nous fait le tableau de ses erreurs et de ses fautes, c'est toujours parce qu'elle s'en éloigne; si la vertu nous charme, c'est toujours parce qu'elle s'en approche. La peinture des travers de l'homme ne sert pas même à nous corriger des nôtres. C'est la science du bien qui nous est profitable. En reposant l'âme dans des pensées douces et pures, elle l'agrandit, la porte naturellement à l'imiter, et la rend plus heureuse en la rendant meilleure.

I
C'é
mai
bien
là p
rép
la l
ans
mai
de l

MADELEINE.

La neige tombait à flocons blancs sur la terre. C'était la veille de Noël. Au cinquième étage d'une maison de la rue Montmartre, se passait une scène bien pauvre et bien triste. Un pauvre prêtre était là priant près d'un cercueil; un enfant de chœur répondant nonchalamment et avec insousiance à la lithurgie; une jeune fille de treize à quatorze ans, assise près du lit de mort de sa mère, les mains appuyées sur son front, avec l'angoisse de de la plus profonde douleur; quelques voisines venues, sans savoir beaucoup pourquoi, dans cette chambre qu'elles avaient oubliée quand on les y souhaitait, formaient le seul convoi d'une pauvre femme morte encore dans la jeunesse et dans la force de l'âge, mais que la misère et le travail avaient tuée. Sa fille était le seul être qui pleurât sa mort !

L'enterrement du pauvre fait peu de bruit en ce monde. Inaperçu dans son malheur pendant sa vie, ce n'est pas à l'heure où tout s'oublie qu'on commencerait à songer à lui. Pour lui, la vie et la mort se ressemblent; il est abandonné dans l'une comme dans l'autre; dans chacune il manque de tout.

Le pauvre a rarement le bonheur d'avoir des amis dans ceux qui sont pauvres comme lui; la misère, portée au dernier excès, rétrécit l'âme au lieu de l'agrandir, elle est peu disposée à donner des regrets aux autres, tout occupée qu'elle est d'elle-même. Aussi quand les pauvres accompagnent leurs amis au cimetière, ils font entendre toujours les mêmes paroles : « Il est bien heureux ! je voudrais bien être à sa place. »

Le seul envieux que le pauvre trouve dans la vie, c'est à son cercueil !

— Qui est-ce donc qui pleure là-haut ?» demanda le vieux M. de Bardolle à sa cuisinière, lorsqu'elle lui apportait son chocolat.

— C'est la pauvre petite Madeleine, monsieur,

la fille de cette femme qui est morte hier, et qu'on enterre ce matin. C'est ce qui fait tant pleurer cette petite. Pauvre jeune fille ! que va-t-elle devenir? Vous aviez eu quelque intention de la prendre avec vous, monsieur, c'est bien le moment de faire cette bonne œuvre-là.

—Elle a raison, mon père, dit Edouard, recueillons-la, au moins pour quelque temps. Le froid est si rigoureux ! Je suis sûr qu'elle tomberait malade à souffrir tant de misères à la fois.

— Oui, mon fils, dit le vieillard, va la chercher, et Dieu nous bénira d'avoir recueilli cet enfant. Elle ne nous sera guère à charge... Et quand même !.... Va, mon fils, amène-la ici; c'est un bonheur pour moi de lui faire du bien.— Edouard fut en une minute à la porte de Madeleine. Elle était restée seule, assise sur un tas de paille, vis-à-vis le lit d'où l'on venait d'enlever sa mère, la tête appuyée sur sa main rouge de froid. La neige tombait sur elle par une crevasse qui était au plafond. En entendant venir quelqu'un, elle leva la tête, et secouant ses cheveux blonds qui lui couvraient le visage : « Ah ! c'est vous, M. Edouard, lui dit-elle, que me voulez-vous?—Pauvre enfant! dit Edouard, attendri par le spectacle qu'il avait sous les yeux, ce que je veux? t'emmener. — M'emmener ! et où donc ? — Chez mon père...Tu le connais bien?...— Oui. — Veux-tu venir? — Non. — Et pourquoi? J'aime mieux travailler ici.

— Et que sais-tu faire? — Rien. — Eh bien! — Eh bien! j'apprendrai. — Et qui t'apprendra? — Je ne sais pas. — Il faut payer pour apprendre, et tu n'as rien. — C'est vrai, dit-elle tristement; apprenez-moi à peindre comme vous. — Je le veux bien; mais alors il faut venir. Nous te soignerons bien, et tu seras heureuse. Madeleine, tu te rappelles bien mon père? Tu sais comme il t'aimait quand tu étais petite, il te donnait des joujoux et de l'argent.» Des larmes mouillèrent ses yeux. — Ma pauvre mère vivait alors, et maintenant..» Et elle pleurait amèrement. « Eh bien, dit-elle après un moment de réflexion, ma mère m'a dit en mourant, elle me disait cela l'autre soir encore: Ma fille, quand je serai morte, tu resteras seule; hélas! c'est là mon grand désespoir. Mais promets-moi que tu ne verras personne qui pourrait éteindre en toi les sentiments de vertu que j'y ai placés. Ne suis jamais les gens dont tu pourrais te méfier; mais ne fréquente que ceux qui sont vertueux. Voilà ce qu'elle m'a dit, et je crois que je ne lui désobéis pas en venant auprès de votre père qu'elle respectait beaucoup. — Non, non, dit Edouard: viens, chère enfant, viens avec confiance près de nous.» Elle tendit la main à Edouard, et, secouant la neige qui était sur ses vêtements, elle jeta un regard autour d'elle sur cette chambre nue et pauvre: « J'ai été bien malheureuse ici, dit-elle, j'y ai souvent enduré la faim et le froid; mais j'avais ma mère, je n'étais pas seule sur la terre!... Elle se mit à pleurer. — Nous vous aimerons, dit le jeune homme; nous tâcherons de vous faire oublier tant de tristes jours et tant de privations. — Oui, mais vous ne me la rendrez pas!

» Attendez, lui dit-elle, comme il se disposait à descendre, je n'ai pas, il est vrai, de grands préparatifs de départ à faire, je n'ai rien à emporter que ceci, je ne veux pas le laisser. » Elle décrocha une image de sainte Madeleine qui tenait au mur par deux épingles. « C'est la patronne de ma mère, ajouta-t-elle, et la mienne, je veux l'emporter avec moi. »

« Mon père, dit Edouard en entrant, voici un enfant de plus que je vous amène. » La jeune fille baissa les yeux en apercevant le vieillard. Il l'embrassa. Elle se mit à genoux sur le coussin de velour noir qui soutenait ses pieds, et prenant une main de M. Bardolle, elle la baisa avec reconnaissance. » Vous voulez donc bien venir près de nous? lui dit-il avec un de ces sourires de bonté et de protection qui n'appartiennent qu'à la vieillesse bonne et aimante.—Si je veux bien! dit-elle avec attendrissement; on dirait que c'est pour vous que j'y suis, tandis que c'est vous qui me sauvez de tant de malheureux jours que j'aurais soufferts sans vous.—Mon ami, dit tout bas M. Bardolle à son fils, cette jeune fille paraît bien intéressante et pleine de cœur; Dieu nous récompensera de notre charité.

La cuisinière fut appelée près de M. Bardolle: « Perrine, lui dit-il, voilà une jeune enfant que je te confie. Soins, attention, prévenances, donne-lui tout cela au nom du Seigneur. Respecte-la, car elle est pauvre; qu'elle te respecte pour tes cheveux blancs. Aime-la; enseigne-lui à faire le bien, à aimer la vertu. — Comme l'aimait ma mère, interrompit la douce voix. — Oui, comme l'aimait ta mère... C'est l'enfant de la maison, Perrine. Quel âge as-tu, Madeleine? lui demanda-t-il. — Quatorze ans à la fin de ce mois-ci. — Et que sais-tu faire? — Pas grand'chose; j'aidais ma mère dans son travail, et, quand elle n'avait pas besoin de moi, j'allais à l'école des sœurs de charité. J'ai fait ma première communion cette année. Ma pauvre mère devait me placer pour apprendre à travailler; mais sa longue maladie m'a retenue près d'elle, et depuis cinq mois je la soignais sans rien faire.

— Allons! dit M. de Bardolle, je vous demanderai vos soins et votre affection. Chère enfant, mon âge est bien loin du vôtre; j'ai soixante ans de plus que vous. (Madeleine sourit.) Oui, soixante-quatorze ans tout à l'heure. Vous savez bien lire? — Oh! oui. — Vous me ferez la lecture, alors, n'est-ce pas? Vous m'accompagnerez dans mon jardin quand il fera plus beau. Vous me tiendrez lieu d'une fille, puisque la nature me l'a refusée. Allez, mon enfant, allez avec Perrine; elle va vous montrer où vous devez loger.

—Je me demande, Edouard, dit M. de Bardolle à son fils, quand Madeleine s'éloigna, comment votre femme va prendre cette nouvelle arrivée?— Moi aussi, dit Edouard; il est probable qu'elle la désapprouvera du moment que nous ne l'avons pas consultée. Vous savez que l'urbanité n'est pas son fort? — Non, dit tristement son père. — Et ils gardèrent le silence.

Madame de Bardolle entra en ce moment. — Amélie, lui dit son beau-père, nous avons augmenté momentanément notre famille. Nous sommes quatre, à présent. — Ah! dit Amélie sans faire d'autre réponse. Et, après une courte réflexion : Et quelle est la quatrième personne qui peut venir entre nous, Monsieur? — C'est la petite Madeleine. Vous la connaissez bien, n'est-ce pas? — Oui. — C'est elle que j'ai recueillie ici. Sa mère est morte hier : la pauvre enfant se trouve exposée au milieu de Paris, sans protection, sans parents. Nous lui en servirons, j'espère, ma chère amie, ajouta-t-il avec un ton qui imposait la réplique ainsi qu'il la voulait, que vous serez pour elle tout ce que je compte être moi-même. — Mon Dieu, certainement, dit-elle avec aigreur. Et pourquoi pas? — C'est ce que je pense aussi, reprit froidement M. de Bardolle; pourquoi pas?

Amélie était une de ces personnes qui ont trouvé le moyen d'ôter à la vertu tout ce qu'elle a de consolant et d'aimable, en la rendant âpre et austère; toujours hérissée, toujours mécontente des autres, mais très-rarement d'elle-même, elle avait une de ces réputations qui écrasent de leur poids d'or massif, et qui n'en font pas plus vénérer l'illustre possesseur. Son mari prétendait en riant qu'elle tuait à coup de vertu. Au lieu d'en être plus heureuse et plus paisible, et de jouir pour elle et pour tout ce qui l'entourait de la considération qu'elle s'était acquise, et qu'elle devait peut-être d'avoir conservée, moins à sa vertu qu'à sa disgrâce, elle en avait acquis une morgue et une raideur insupportables, jointes à l'aigreur d'un caractère extrêmement irritable. Mais se plier aux volontés et aux goûts de ceux qui l'entouraient, excuser et supporter les défauts d'autrui, et mettre dans ses rapports avec tous une douceur et une patience chrétiennes, elle ignorait complètement ces qualités d'intérieur.

Ce n'était pas là sa dévotion.

Elle n'aimait nullement son mari, chose qu'elle prenait soin de dire à tout propos; et cela, répété sans cesse et revenu aux oreilles d'Edouard, n'avait pas peu contribué à mettre en eux la mésintelligence qui y régnait.

Souvent le bon et excellent vieillard qu'elle avait pour père lui représenta la fausse route qu'elle prenait pour arriver au bien, et avec toute l'indulgence d'une piété vraie il lui reprochait doucement l'oubli où elle laissait sa vieillesse, le peu de soin qu'elle prenait de lui être utile, la constante mésintelligence qui régnait entre elle et son mari. Elle avait toujours une réponse toute prête à opposer à des arguments comme ceux-là, qui semblaient n'en avoir pas besoin. C'était le caractère d'Edouard qui était insupportable (et il était le meilleur des hommes) ; tantôt c'était M. de Bardolle qui exigeait qu'on fût perpétuellement occupé de lui, et elle avait autre chose à faire. « Cependant, ma fille, disait-il avec douceur, quand m'avez-vous vu cette exigence auprès de vous? Vous savez que j'aime passionnément la lecture; ce plaisir m'est refusé depuis que je suis vieux et presque aveugle. Edouard, occupé au ministère, ne peut disposer que d'une légère partie de son temps. Combien de fois vous ai-je demandé de me lire ce qui paraît de nouveau, ou ce que les journaux disaient d'intéressant? C'est pourtant le bonheur du vieillard, d'entendre encore parler des choses qu'il ne voit plus. Il en est toujours ainsi de ce qui est loin de nous. Jeune, je fuyais le monde parce qu'il faisait souffrir; vieux, je l'aime presque... probablement, parce que je l'ai oublié... En quoi vous suis-je donc si à charge? M'accompagnez-vous quelquefois à la promenade ? Si je vous demande des nouvelles de quelque chose que ce soit, vous ne vous donnez jamais la peine de répondre quatre mots de suite. Alors vous prenez pour de l'humeur ce qui n'est qu'une timidité toute naturelle à mon âge. Je crains de vous ennuyer, et je reste dans le silence. Si vous saviez comme la vieillesse comprend qu'elle est inutile... Mais comme cette pensée lui est dure! »

A ces paroles si pleines de bonté et de simplicité, Amélie ne répondait que par des discours qui annonçaient tout l'égoïsme de son âme. Elle ne comprenait pas, disait-elle, comment, à son âge, il pouvait s'occuper d'autre chose que de son salut; lire ou réciter des prières, prier pour les autres et pour lui-même. « Vous ne voyez pas à lire, eh bien! que ne dites-vous votre chapelet? A votre place, j'en dirais vingt par jour, moi, et je ne serais à charge à personne. — Ma fille, répondait doucement le saint vieillard, nous avons sur la piété, comme vous le savez, des pensées bien différentes tous deux. Je m'étudie chaque jour à offrir à Dieu les malheurs qu'il lui plaît de m'envoyer; je lui demande la résignation, et de me préserver du murmure. Je ne vous en veux pas; je ne vous blâme pas de votre indifférence pour moi. J'ose dire seulement que votre affection eût rendu ma vie plus heureuse, et que je vous aurais aimée comme un père, si vous l'eussiez voulu. Je prie Dieu, ma fille. Malheur à l'homme, malheur au vieillard surtout qui n'est pas heureux par la prière ! Je prie Dieu. J'ai aussi une dévotion : elle repose sur le premier prétexte de son adorable maxime : Aimer Dieu et son prochain; qui n'aime pas son prochain n'aime pas Dieu. Oh ! la religion n'aime pas l'égoïsme, mais la charité. Le comprenez-vous ainsi ? »

Ces conversations continuaient souvent sur le même ton, quand M. de Bardolle ne se taisait pas sur-le-champ. C'était ordinairement ce qu'il avait trouvé de plus raisonnable à faire : l'union et la paix, au moins, n'en souffraient pas.

Mais Edouard n'était pas si patient que son père, et l'humeur acariâtre de sa femme le mettait quelquefois dans des colères effroyables.

On rejette souvent sur autrui les malheurs qu'on ne doit qu'à soi-même : elle accusait Edouard d'indifférence, tandis qu'il ne faisait qu'user de représailles. Elle était jeune, assez jolie, spirituelle; il n'en fallait pas tant, si elle avait joint à cela de la bonté, pour être heureuse et aimée. Mais elle était loin de compte : domestiques, père, mari, frère et sœur, tout cela s'en souciait fort peu, tant l'aigreur est la première antipathie du cœur humain, tant il est vrai que pour être en paix avec les autres il faut mettre beaucoup du sien.

M. de Bardolle était le vieillard le meilleur et le plus vertueux du monde. Bon, indulgent, toujours content des autres, son cœur était resté jeune et généreux au milieu des épreuves d'une longue carrière. A travers les orages qu'il avait éprouvés, victime des révolutions, et probablement de l'ingratitude, il conservait l'âme la plus confiante et le cœur le plus aimant. Uni à Dieu, qui était sa pensée constante, on l'avait vu dans le malheur le bénir comme d'une grâce. La prospérité ne le réjouit ni ne le changea ; il resta le même dans les événements, et ne se troubla jamais de rien.

La seule peine dont il ne se consolait pas était de voir son fils malheureux et lui-même délaissé par celle qui ne devait apporter entre eux qu'un bonheur de plus. Son fils était parfait pour lui ; mais la vieillesse a besoin des soins d'une femme. C'est une femme qui devine, et c'est elle qui console. Le son de sa voix, la légèreté de sa marche sont en harmonie avec l'homme qui s'éteint. La vie du vieillard est toute dans son intérieur. Le dehors ne lui appartient plus. C'est aussi la destinée de la femme : ils s'aident l'un l'autre à supporter l'esclavage.

Aussi, en prenant Madeleine avec lui, avait-il songé à tout cela. Sa première pensée fut pour elle ; mais la seconde fut pour lui. Ces deux intérêts réunis furent le lien qui l'attacha à la jeune fille, qui, de son côté, l'aima comme elle avait aimé sa mère.

TROIS ANS PLUS TARD.

Le vieux M. de Bardolle devint complètement aveugle. Madeleine ne le quittait pas. Devenue grande et belle, pleine de grâces et de vertus, elle était l'âme de cet intérieur, naguère si triste et si décoloré. Pieuse, attentive auprès du vieillard, chère à son cœur, elle était devenue sa providence; il n'avait pas un souhait à faire, pas un désir à former, que déjà long-temps d'avance Madeleine l'avait prévu et deviné. C'était le bras de Madeleine qui l'aidait à marcher dans son petit jardin. C'était avec elle qu'il allait à la messe et aux offices du dimanche et des jours de fêtes. C'était la voix de Madeleine qui récitait avec lui les prières du matin et du soir, et qui, pendant le jour, lui lisait des passages de l'Imitation de Jésus-Christ et des saints Évangiles. A ces soins de tous les jours, elle joignait une douceur angélique de caractère, une bonne grâce dans ses attentions, que le pauvre vieillard ne savait que lui dire pour faire comprendre sa reconnaissance. « Je te bénis, Madeleine, disait-il quelquefois, en lui prenant les mains, et il restait anéanti de n'avoir que cette reconnaissance à lui donner. — O merci, disait Madeleine, attendrie par cette bonté qui appréciait sa bonté, merci, Dieu vous entende !

Elle conseillait Edouard; elle l'engageait constamment à redoubler de douceur et d'indulgence envers le caractère de sa femme, qui devenait chaque jour plus acariâtre et plus revêche. La présence de Madeleine l'irritait quelquefois à un tel point, qu'elle sortait de la chambre sans avoir dit une parole pendant deux heures. C'était du reste ce qui pouvait arriver de plus heureux. Edouard, dans la profonde affection qu'il portait à Madeleine, et par celle qu'il recevait d'elle était heureux. Vraiment frère et sœur, unis par ce sentiment qui compte au premier rang dans la vie, saintement unis par le même amour qu'ils portaient au vieillard, ils auraient été heureux et paisibles, si madame de Bardolle n'était venue de nouveau jeter son venin de division au milieu de cette famille.

Elle finit par exiger que Madeleine sortît de la maison, opposant pour ses raisons de graves et fortes conséquences, qu'on ne pouvait, disait-elle, éviter que par là. Si elle ne se trompait pas, ce fut elle du moins qui l'apprit la première.

Alors, la vie du pauvre père ne tint plus que par un fil. Dès qu'il put voir en perspective ou son bonheur ou son devoir, il n'hésita plus. Mais ce coup le mettait dans le tombeau plus tôt qu'il n'y serait descendu. Madeleine était grande et sublime. Le premier soupçon qui lui fut exprimé n'avait pas même été compris. Mais une seconde fois elle l'entendit sans rougir. Forte de sa conscience, elle demeura sans défense, parce qu'elle était sans remords. Elle se tut, et son silence irrita doublement. Oh ! quand la méchanceté est aux prises avec la vertu, il n'y pas de cruauté dont elle ne soit capable. Tout l'irrite, tout l'humilie; elle s'en venge par la douleur qu'elle cause.

Les visages doux et purs irritent en ce cas-là plus que toutes les colères. C'est la plus terrible et la plus redoutable. Mais Édouard n'écouta pas si saintement les nouvelles fureurs de sa femme. Il alla même jusqu'à lui offrir de retourner chez sa mère et de le laisser en paix, ainsi que son vieux père, qui allait mourir. Il lui représenta que ce qu'elle voulait était également absurde et impossible; que Madeleine était devenue indispensable au vieillard, et qu'on ne pourrait la remplacer près de lui. Serait-ce vous, lui dit-il avec amertume, qui vous chargeriez de le soigner comme elle le fait, vous qui n'avez pas même une parole douce à lui offrir, ni une attention pour lui quand il est malade? Ces mots irritèrent Amélie. Plus ils disaient juste, plus ils étaient sanglants. Elle éclata en reproches de tous genres, en plaintes et en injures contre Madeleine. Elle l'accusa de leur désunion; qu'elle lui prenait l'affection de la famille, et que, toute pauvre orpheline recueillie qu'elle était, elle avait des airs souverains qui ne lui allaient pas du tout, surtout envers elle.—N'accusez que vous seule de notre mésintelligence, dit Edouard; vous seule avez éloigné pour toujours de vous un cœur qui eût été tout à vous. Mais vous êtes trop méchante pour qu'on vous aime. C'est tout au plus si on vous supporte. Quant à mon vieux père, j'imagine qu'après avoir été ce que vous avez été pour lui, vous n'osez pas vous plaindre de son indifférence. Il se promenait avec agitation dans la chambre. Il méditait une grande résolution et n'avait pas la force de l'accomplir. Quelque peu d'affection qu'il eût pour sa femme, l'idée de la rendre à sa famille était un parti si violent, qu'il lui répugnait à le suivre, même aux dépens de son bonheur intérieur. Et puis Madeleine le voudrait-elle, consentirait-elle à rester dans une maison dont elle aurait chassé la fille? Sa réputation même n'en souffrirait-elle pas; comprendrait-on tout ce qu'elle vaut et tout ce qu'elle est?.... Néanmoins il se décida.

Lorsqu'il fut seul avec son père, il lui en parla sérieusement, en lui annonçant qu'il voulait exiger d'Amélie qu'elle quittât sa maison pour aller habiter avec sa mère; qu'il ne pouvait plus tenir à un genre de vie si différent de ses goûts, et de son humeur; que le caractère acariâtre de sa femme augmentait chaque jour, et que n'ayant aucun moyen pour la corriger et la rendre meilleure, il était résolu d'employer au moins le seul qui lui restait pour en éviter les inconvénients.

—Mon fils, dit M. de Bardolles, toutes vos raisons me paraissent vraies, mais aucunes ne me semblent bonnes. Le premier devoir de votre femme est de demeurer près de vous. Vous ne pouvez également exiger d'elle le contraire, sans être coupable. Son humeur est détestable, sans doute; mais qui nous dit qu'elle ne nous a pas été donnée par la Providence pour exercer notre patience et notre charité. Repousser une contradiction et une épreuve de Dieu, c'est se mettre sous le joug d'une infinité d'autres. Il vaut bien mieux plier à la souffrance que chercher à l'éviter. D'abord on y réussit rarement ; elle demeure, et avec elle on n'a pas même alors la consolation d'avoir fait son devoir.

— Je ne suis pas encore arrivé à votre perfection, mon père, dit Edouard en souriant. Permettez donc que tout en l'admirant je ne l'imite pas. Madeleine entra en ce moment. L'air triste et consterné du vieillard la frappa. — Qu'avez-vous ? dit-elle en le baisant au front. — Du chagrin, ma fille, répondit-il ; tu sais qu'il est fréquent sur la terre ! — Mais, pour vous, que nous aimons tant, vous ne pouvez être malheureux que par les autres. C'est en plaignant leurs malheurs que vous devenez triste : qui est-ce donc qui est malheureux parmi ceux que vous aimez ? Elle croyait qu'il ne savait rien de tout ce qu'avait dit Amélie. — Vous vous trompez, reprit le vieillard. Dans tout ceci, le plus à plaindre ce sera moi. Mais parlons d'autre chose, mon enfant ; on ne gagne rien à parler de ses maux. C'est avec Dieu qu'il en faut causer. Les hommes ne nous comprennent qu'à moitié, ils ne plaignent que ce qu'ils ont senti ; l'autre partie de nos blessures reste pour eux vouée au néant. Madeleine se retira, pensant qu'elle gênait le père et le fils.

— Je vous assure, mon père, dit Edouard, que je ne puis imaginer froidement que nous puissions nous séparer d'elle : elle nous est devenue nécessaire à tous, elle est si bonne pour vous! Tous nos soins ont tellement bien réussi, qu'il y a presque pour vous et pour moi de l'orgueil à l'aimer. — Mon fils, nous nous consolerons avec notre conscience, répondit le vieillard avec fermeté. — Comment, mon père, conservez-vous donc l'idée de la renvoyer de chez vous? Serait-ce possible? Comment! pour écouter les plaintes d'une femme méchante et envieuse, vous pourriez oublier tous les droits qu'elle a sur vous! Et ne savez-vous pas l'éducation que nous lui avons donnée? N'était-ce pas tacitement lui dire : Vous ne nous quitterez jamais? Rendez-la donc aujourd'hui à la classe dont vous l'avez fait sortir ; remettez-la au milieu des privations et de la misère dont vous lui avez fait perdre jusqu'au souvenir, et soyez témoin des angoisses nouvelles qu'elle va endurer.

» Elle ne manquera de rien, dites-vous, je le crois; mais où seront ses amis? Son éducation lui fera repousser ceux avec qui elle aurait vécu sans répugnance autrefois. Sa position sociale lui interdira d'en chercher ailleurs. Et quel service lui avons-nous donc rendu, quel bonheur avons-nous préparé à son cœur, qui n'est occupé que de nous! Ah! mon père, je suis à vos genoux, ne refusez pas ma demande. — Oh! silence, mon fils, dit avec calme et dignité le bon et respectable vieillard ; il le faut, mon fils ! Dieu seul connaît l'étendue de mon sacrifice. Serez-vous moins généreux que votre père ; jamais je n'ai connu d'autre règle que le devoir ; que ce soit aussi votre désir.

Édouard ne répondit rien, madame de Bardolle entrait.

Chacun dans sa famille a pu être témoin de quelques-unes de ces scènes silencieuses, où chaque acteur, dominé par une émotion profonde, ne trouve pas même un de ces riens de conversation qui serait alors si heureusement placé. L'âtre de la grande cheminée de famille est alors le point de mire de chacun. Le bruit d'une cloison qui craque, ou celui du feu, rompent seuls le silence de tous.

Il semble que la pensée, presque la même pour tous, ne puisse néanmoins se faire entendre sans gêne et sans crainte. Une pensée inutile serait encore plus mal venue, jetée au milieu de la solennité que donnent toujours les émotions profondément senties. Le silence, en se continuant, donne à ces scènes d'intérieur une énergie nouvelle. Le silence est ce qui a le plus de puissance sur notre âme.

Madame de Bardolle, plus gênée encore que les autres, se leva pour aller à un métier de tapisserie. Madeleine, après être arrivée, portant une boisson qu'avait demandée le vieillard, s'assit, et demanda à M. Bardolle quelle lecture il voulait qu'on lui fît. — Lis-moi quelque chose du livre de Job, ma fille. Job fut malheureux et ne sut pas se plaindre; il y aura dans cette lecture pour chacun de nous. Edouard debout, vis-à-vis Madeleine, la considérait avec désespoir.

La lecture finie, on se sépara, chacun ayant arrêté sa résolution au-dedans de lui-même.

Madame de Bardolle était plus décidée que jamais à continuer sa résistance, le vieillard à s'y résigner, Edouard à y résister, et Madeleine à n'écouter que sa conscience.

Elle n'avait pas deux routes à suivre, ni à hésiter dans le choix : elle devait partir, quelque nécessaire qu'elle fût au pauvre M. de Bardolle : il avait un fils, il avait les soins de la vieille Perrine, auquels il était accoutumé avant de la connaître. Elle seule n'allait donc rien avoir pour consolation. Mais dès qu'elle comprit son devoir, elle le suivit.

Quand tout le monde fut retiré, elle monta doucement chez Perrine. — Perrine, dit-elle à cette bonne et excellente femme qui l'aimait comme sa fille, voici le temps de l'épreuve et du courage : j'aurai besoin de vous pour exécuter mon plan de départ; je compte bien que vous voudrez m'aider?

— Oui, chère enfant, dit la vieille cuisinière. Tenez, je suis de bonne foi : tout cela ne peut plus durer ainsi ; on ne peut vivre dans une division pareille. Le bon Dieu doit maudire notre maison depuis quelque temps. — Et c'est parce que je sens tout cela que je pars, dit Madeleine; si ce n'était *indispensable*, croyez-vous donc que j'aurais la force d'accomplir mon sacrifice?

— Pauvre chère enfant, dit Perrine en l'embrassant, douce comme elle est, il faut être madame Bardolle pour n'avoir pas su vivre avec elle. — Et cependant vous savez si je n'ai pas mis en œuvre tout ce que j'ai pu imaginer de complaisance et de soumission. — Bon Dieu ! je le sais bien, c'est justement pour cela peut-être : la douceur aigrit tant la méchanceté ! si vous lui aviez dit des sottises, elle vous aimerait davantage.

— Bonne Perrine, vous allez faire ce que je vous demanderai, n'est-ce pas? — Oui, oui. — Eh bien ! cherchez-moi une petite chambre dans une rue bien éloignée d'ici. Cherchez-la-moi pour demain. Dès que j'ai pris mon parti, il doit s'exécuter sur-le-champ. Je ne veux pas que personne sache où je suis ; j'ai mes raisons pour cela, dit-elle en regardant Perrine. — Plus tard nous en donnerons avis à ce bon père. Oh ! oui, il le fut pour moi et le sera toujours !.... Et la pauvre enfant fondait en larmes.

Elle retourna dans sa chambre pour se coucher.

La nature est toujours là, en nous, pour souffrir, même quand on semble s'oublier davantage. Madeleine, en entrant dans cette chambre, suffoqua de sanglots et de regrets. Elle allait donc quitter tous ceux qu'elle aimait, les seuls amis qu'elle eût sur la terre! Pour elle, le monde était concentré sous le toit de la maison paternelle qui avait recueilli et soulagé sa misère, où sa jeunesse s'était élevée et s'était habituée à l'aisance et à la tranquillité d'une vie libre et heureuse. Les autres enfants de famille ont d'ordinaire des liens secondaires unis aux premiers liens de la nature. Mais elle ne connaissait personne au monde; elle ne sortait jamais qu'avec M. Bardolle, pour aller le promener, elle ne s'était jamais vue seule un instant dans la rue, n'étant chargée d'aucun soin du ménage. Ainsi tout devenait étranger pour elle : Paris lui semblait un pays perdu, où elle était venue comme un exilé loin de sa terre natale. Et quand elle se représentait le pauvre vieillard, ce père qui avait été si tendre et si bon pour elle, la cherchant, la demandant avec des larmes et des douleurs, son cœur se fendait, et il lui semblait qu'elle n'aurait jamais le courage de s'éloigner de cette maison.

Elle ne dormit point, elle pleura beaucoup, et le lendemain, en venant près de son bienfaiteur, elle avait les yeux rouges et gonflés, et le visage pâle comme la mort. Hélas! ce désespoir fut inaperçu pour le vieillard. Il ne voyait plus! il ne pouvait donc que deviner sa douleur. Qu'il était bien loin de supposer sa résolution! Mais Edouard s'aperçut que Madeleine avait beaucoup pleuré; il s'approcha d'elle : — Comment allez-vous ce matin? lui dit-il. — Mais bien, répondit-elle, et refoulant au fond de son cœur tout le chagrin qui le brisait, elle eut encore des paroles douces, gracieuses pour le vieillard et son fils. Oh! qu'il y a de courage dans une âme chrétienne et que soutient la vertu.

Le soir, à dîner, M. de Bardolle, voulant faire diversion à la tristesse générale, dit qu'il souhaitait qu'on arrangeât pour le lendemain une promenade au bois de Boulogne. — Il fait beau, le soleil est presque chaud : je me fais une fête de sortir par ce beau temps demain. Madeleine, cela t'arrange-t-il? — Le vieillard ne formait jamais aucun projet sans lui avoir demandé son goût et son avis. — Oh! comme vous voudrez, dit-elle; vous savez bien que ce qui vous plaît nous plaît toujours. Demain, pensait-elle, demain, hélas! je serai bien loin de vous. — Elle pleura tout le temps du diner.

Mais le soir, quand le moment de se séparer arriva, quand il fallut embrasser pour la dernière fois son vieux et cher bienfaiteur, le courage lui manqua : elle faillit tout avouer, afin qu'on l'en empêchât; mais levant les yeux au ciel, l'espérance lui donna du courage.

Il est des événements dictés quelquefois par une tout autre cause que celle qui paraît la dominante.

Et la véritable raison qui éloignait Madeleine n'était pas pour concilier deux êtres qu'elle savait bien ne devoir jamais s'aimer : un autre devoir, une conscience, lui commandaient peut-être ce départ.

La vertu de faire le bien, quoiqu'il en coûte. Celle-ci est néanmoins la plus difficile. On se résigne à supporter l'adversité ; on souffre avec patience la calomnie ou la haine. La religion a cela de sublime, qu'elle aide merveilleusement l'humanité dans ces différentes positions de la vie. Mais aller au-devant du malheur, mais s'imposer une peine, avec autant de soins qu'on met ordinairement à l'éviter, oh ! c'est cela être courageux. C'est la vertu au comble de la perfection. La religion seule nous donne assez de force pour y arriver.

DEUX MOIS DE PLUS.

Madeleine avait quitté la maison de M. de Bardolle. Les premiers temps de son séjour dans sa nouvelle demeure furent pour elles des jours de désespoir. Elle priait beaucoup, elle ne sortait que pour aller à l'église; là, seulement, elle n'était pas étrangère. Mais la prière même était insuffisante contre tant de regrets, et la conscience d'avoir fait son devoir ne console pas toujours du sacrifice.

On ignorait le lieu de sa demeure. Il n'y avait

qu'au vieux monsieur de Bardolle que Perrine l'avait confié. Rien ne peut exprimer l'état de douleur où il était plongé. Cette tristesse avait amené avec elle une exigence dans les soins qu'on lui rendait, qui était autrefois bien loin de son caractère. Quand le pauvre vieillard arrivait dans son salon, appuyé sur un autre bras que le bras de sa chère enfant; quand un son de voix frappait son oreille, et que ce n'était jamais le sien ; à tous les soins que lui rendait Madeleine, quand c'était une autre qui les remplissait, son pauvre cœur se gonflait, et des larmes amères coulaient de ses yeux.

L'affection du vieillard a quelque chose de solennel et de profond. Quand il aime, il sort presque de sa nature; car la vieillesse pour l'ordinaire est reportée sur elle-même et ne s'inquiète que d'elle. Mais qu'une tendresse se place dans son âme à la place de l'égoïsme, alors elle reçoit tout ce qu'il eût gardé pour lui. Toutes les passions éteintes se réunissent en une seule. A un autre âge, la diversité fait la compensation ; mais le vieillard qui aime n'aime qu'une chose fortement. C'est le dernier soupir des tendresses humaines. Otez-lui cette dernière, vous lui ôtez la vie. Ce n'est pas seulement sa faiblesse qui le tue sous le poids d'une grande infortune, c'est parce qu'elle l'enveloppe de toutes parts, et que la vie ne peut plus l'en distraire.

Tout résigné qu'il fût, M. de Bardolle sentit qu'il recevait un coup qui hâtait sa mort. Il n'en voulut pas à celle qui lui causait tant de malheur; mais sa présence lui devint insupportable. Cependant il le cachait, et se repentait toutes les fois qu'il craignait l'avoir laissé paraître. La haine d'Édouard s'augmentait à tel point, qu'il lui était devenu impossible de rester près d'elle une seule heure. Et voilà tout le prix qu'elle recueillait de sa domination !

Édouard ignorait la demeure de Madeleine. S'il l'eût sue, il aurait couru la chercher et la ramener. Son père avait senti qu'il était plus sage de la lui cacher. Le désespoir de son fils l'accablait encore plus que le sien. Mais il était peut-être nécessaire !

Perrine était la seule personne de la maison qui pouvait voir Madeleine. Elle venait tous les jours de la rue Montmartre à la rue de Vaugirard où elle demeurait, lui donnait des nouvelles de la famille et lui parlait des regrets que son départ avait causés. A tous ces petits détails le cœur de Madeleine se brisait. Quand on est séparé de ceux qu'on aime, le souvenir des lieux et des habitudes quittés devient une angoisse pour le cœur. Le temps, en ramenant à chaque journée l'époque des heures où l'on était le plus ensemble, le souvenir d'une infinité de choses futiles alors devient intéressant et regrettable dès qu'on ne doit plus en jouir.

De tous les bienfaits dont elle avait été comblée,

Madeleine n'avait plus à profiter que d'un seul. Elle savait peindre, elle employa ce talent pour se distraire et s'occuper utilement. Elle ne manquait de rien ; le vieillard avait mis entre les mains de Perrine de quoi subvenir aux besoins de Madeleine. Mais du moment qu'elle n'était plus nécessaire au pauvre M. de Bardolle, elle ne voulait pas rester inactive et inoccupée. « Je fus pauvre, disait-elle ; d'ailleurs, quand je ne travaillerais que pour les pauvres, ce serait encore m'acquitter de mon devoir et conserver un souvenir de mon bienfaiteur. Il lui dictait une page ou deux qu'il envoyait à sa chère enfant. Elles indiquaient une douleur résignée si profonde, que Madeleine se sentait défaillir en les lisant. Elle lui écrivait aussi tous les jours, et Perrine se chargeait tant bien que mal de la lecture et de l'écriture de cette correspondance touchante.

— Un jour il viendra vous voir, ce bon monsieur, lui dit-elle ; il a cela en tête, il y parviendra, tout malade qu'il est. » Madeleine devint pâle et tremblante de joie. — Comment! vous croyez qu'il pourrait venir? — Ah ! je crois bien ; il serait déjà ici, sans ce pauvre M. Édouard, qui ne le quitte guère, et à qui il veut cacher votre demeure. S'il savait où vous êtes, je crois qu'il serait vite ici. »

Madeleine souriait tristement à tout ce que lui contait Perrine. La vieille servante se tranquillisait en la voyant calme.

Il y a dans une grande douleur quelque chose de plus affreux à voir que les larmes, c'est le sourire. La douleur muette brise ceux qui en sont témoins comme ceux qui la concentrent. Les pleurs font la consolation de la douleur. Perrine était bonne, mais d'une bonté matérielle, si je puis m'exprimer ainsi. Quand elle pouvait arriver son panier rempli de provisions et de toutes les choses que Madeleine aimait, cela était son ultimatum de sentiment; mais comprendre et deviner le chagrin muet de cette malheureuse jeune fille était hors de sa tendresse naturelle. M. de Bardolle le devinait bien, ce chagrin, quand chaque jour la vieille cuisinière revenait en lui disant : « Monsieur, soyez tranquille, elle est bien portante, elle est gaie. Pardi! elle a l'air de prendre son parti mieux que vous, cette petite; je la fais rire et causer; elle m'écoute avec plaisir quand je parle de vous. Allez, la jeunesse est bien frivole, ça se console toujours! »

« O Madeleine! pensait le vieillard, je te connais trop pour être rassuré sur toi; ce n'est pas ton cœur qui oublierait si vite. » Et il pleurait en silence.

Il n'était pas possible d'envisager cette douleur sans pleurer aussi, et ses amis, ses connaissances avaient essayé de le distraire soit en lui parlant de Madeleine, soit en défendant qu'on en prononçât le nom ; mais il était toujours dans sa pensée : il répondait à tout.

Un matin Perrine accourut chez Madeleine, et lui dit : « Chère enfant, réjouissez-vous, notre bon monsieur va venir vous voir tantôt ; j'ai voulu vous prévenir afin que vous ne sortiez pas. — Grand Dieu ! dit Madeleine, pourvu que cela ne lui fasse pas de mal. Il va être bien ému, j'en suis sûre ; il sera bouleversé de me revoir, Perrine. Pourvu qu'il n'en soit pas malade ! — Bah ! dit la vieille, voilà comme vous êtes, vous. Vous ne savez jamais trouver un plaisir, même quand il vous crève les yeux. Vous pleurnichez toujours ! Vous voilà bien attristée, là où tant d'autres danseraient de joie. — C'est que je pense à lui avant de penser à moi, dit-elle avec inquiétude. — Laissez donc, le bonheur n'a jamais tué personne. — C'est vrai, pensa Madeleine, la balance est double, le contre-poids l'emporte toujours ! »

Elle se sentit tremblante et glacée en apprenant qu'elle allait voir son bienfaiteur ; le cœur lui battait de joie et de bonheur. Quand elle entendit arriver la voiture et le bruit de la canne du vieillard qui résonnait dans l'escalier, elle courut au-devant de lui, et, se jetant dans ses bras, ils demeurèrent tous deux long-temps sans pouvoir dire une parole. Lorsqu'il fut monté chez elle, elle le fit asseoir, et, lui prenant les mains, les baisait avec transport : « Mon père, disait-elle, est-ce bien vous que je vois ! — Pauvre enfant, dit M. de Bardolle, je ne puis te voir, moi, mais je t'entends : c'est bien le son de ta voix d'ange, qui me faisait tant de bien. Madeleine, j'ai reçu un coup qui me met dans la tombe. Je ne puis me passer de toi, ma fille; ils n'entendent rien à me servir. — Comment, mon père ; est-ce que vous n'êtes pas bien servi par Perrine et par M. Edouard? — Oh! si, dit-il, bien, trop bien. Tu n'avais pas tant d'attentions, toi! tu en avais beaucoup moins, peut-être. Mais je ne sais comme tu n'en avais jamais d'inutiles, et jamais une de moins. Mon fils est bien bon; mais personne ne te remplacera près de moi. — Comment va-t-il, demanda Madeleine en tremblant? — Bien, répondit le vieillard très-froidement, et il ne prononça plus le nom d'Edouard jusqu'à la fin de sa visite. — Madeleine, lui dit-il, as-tu tout ce qu'il te faut? Dis-moi, y a-t-il quelque chose que tu désires et que tu n'as pas? — Non, dit Madeleine, non, mon bienfaiteur. Ne me comblez-vous pas tous les jours de ce dont je n'ai même pas besoin. — Mais qui sait deviner juste, dit le vieillard avec inquiétude; je te donne beaucoup de choses, cela peut être : je te les dois bien, Dieu merci! mais quelquefois c'est justement celle qu'on oublie qui est la plus désirée. — Non, non, rassurez-vous, je ne souhaitais rien au monde que de vous voir. Ainsi voilà mon vœu accompli;

je ne souhaite plus rien maintenant, sinon de vous revoir encore. — Je reviendrai quelquefois, dit M. de Bardolle, toutes les fois que mes forces me le permettront. De quelle couleur est ta chambre, Madeleine? J'aime à me figurer ta demeure autant que je le puis. — Elle est bleue. — Tes rideaux aussi? — Oui. — As-tu une jolie vue, au moins? Tu étais habituée à un appartement si gai! — Oui, mon père, dit Madeleine en rougissant, car elle ne disait pas vrai; mais elle ne voulait pas attrister le pauvre vieillard. — Ta chambre est froide, il me semble. Fais-tu du feu? Tu as du bois, n'est-ce pas? Enfin tu ne manques de rien, dit-il en lui prenant la main, qu'il garda dans les siennes. Dis-le-moi encore, ne me trompe pas. — Je vous le jure, mon père, je ne manque de rien, et si jamais cela arrivait, vous le sauriez aussitôt. — A la bonne heure, dit-il en l'embrassant, voilà comme j'aime la bonté, c'est de comprendre également dans l'amitié le bonheur de recevoir comme celui de donner. Que fais-tu? lui demanda-t-il. A quoi t'occupes-tu dans la journée? — Je travaille, je peins, je lis; je tâche un peu de me distraire, car je souffre bien aussi... — Pauvre enfant, dit le vieillard, je le devine bien; va, rien ne m'échappe de tes douleurs. Mais comme tu tousses, dit-il avec l'air inquiet. — Ce n'est rien, soyez tranquille. — Qui t'a dit que ce n'était rien? — Personne. — Je veux que tu voies un médecin, je t'enverrai M. Bérart demain matin, entends-tu? — Oui, comme vous voudrez. — Souffres-tu de la poitrine? — Un peu. — Tu en souffres donc beaucoup pour avouer un *peu?* — Oui, quelquefois. — Et que fais-tu? lui demanda-t-il en devenant plus inquiet. — Rien; à mon âge, ce n'est pas dangereux. Et puis, dites-moi, maintenant que je ne vous suis plus bonne à rien, qu'est-ce que j'ai besoin de tant vouloir vivre? — On la laissera mourir, dit-il en pleurant! O Madeleine, soigne-toi pour moi, soigne-toi même pour *après* moi. Que j'aie cette consolation avant de mourir, de te laisser sur la terre pour penser à moi. Je veillerai sur toi de là-haut, dit-il, si j'ai le bonheur d'y arriver un jour.

Il causa avec elle jusqu'à la nuit; il fallut que Madeleine lui rappelât qu'il était temps de partir, et qu'on serait inquiet s'il ne rentrait pas pour le dîner. Il la quitta, en se promettant bien de la revenir voir souvent. Mais il l'avait embrassée pour la dernière fois.

Ses forces s'affaiblirent de jour en jour. On le vit dépérir peu à peu, et, deux mois après sa visite à sa chère enfant, il s'éteignit en prononçant son nom et en la demandant.

Ce dernier chagrin fut un coup de mort pour Madeleine. Elle était déjà sérieusement attaquée de la poitrine; le mal augmenta avec ce nouveau malheur qui achevait de briser sa vie. Les regrets, ceux qu'elle avouait, et ceux qu'elle ne disait pas enflammèrent tellement sa poitrine, qu'en peu de temps elle fut à son tour dangereusement malade; et le médecin déclara à Perrine qu'elle n'en reviendrait pas. Cette bonne femme lui donna les soins les plus touchants ; c'était pour elle un désespoir d'être obligée de la quitter pour retourner à son ouvrage habituel. Elle passait la nuit sans en rien dire à personne, afin que Madeleine restât seule le moins possible.

La jeune fille était l'image la plus ravissante de la piété tranquille et paisible.. Contente d'avoir accompli son devoir, elle se voyait mourir avec une joie et une consolation sublimes. Que ferais-je au monde? disait-elle à Perrine. Voilà mon bienfaiteur mort.... M. Edouard l'est aussi pour moi. A qui donc irais-je demander du bonheur aujourd'hui? A Dieu..... Eh bien! j'y vais, il contentera toute mon âme, et au moins lui, je ne le perdrai pas!

Quand Perrine vit qu'elle devenait plus mal, elle se décida d'instruire Edouard du lieu de la demeure de Madeleine; mais elle ne mit pas sa pensée à exécution le même soir, ce qui fut cause d'un malheur de plus pour la pauvre jeune fille.

Le lendemain Perrine ne vint pas : cette absence fut d'autant plus douloureuse à Madeleine que, n'ayant personne qui prît soin d'elle, cela devenait une privation de plus.

Le jour d'après elle ne vint pas encore, mais, à commencer du troisième jour, elle ne s'en aperçut même plus, car elle ne conservait pas sa connaissance entière. Après de longues souffrances et une agonie douloureuse, elle expira justement au jour anniversaire de son entrée dans la maison de M. de Bardolle.

Le temps avait ramené cette heure où Madeleine, pleurant au lit de mort de sa mère, avait retrouvé dans la tendresse de ses amis une consolation à sa douleur; mais aujourd'hui personne n'entoure son lit mortuaire à elle ! personne n'a pris sa main agonisante pour la serrer en dernier adieu; elle meurt seule, sans parents, sans amis. sans liens ! De deux êtres qu'elle avait aimés sur la terre, l'un était maintenant au ciel, et l'autre l'avait peut-être oubliée...

Un bon prêtre infirme, qui était son confesseur, fut le seul être compatissant qu'elle vit près d'elle à sa dernière heure. Il lui donna les consolations que seule donne la foi. L'image de celui qui mourut par amour pour nous, il la lui montrait, et cette vue soulevait son courage, animait sa confiance. Il lui parlait de sa mère, et à cette pensée de la revoir, le sourire venait encore se reposer sur ses lèvres mourantes. Elle eut le bonheur de recevoir le pain des forts, le viatique du long voyage. Elle expira doucement, pour se réveiller dans les splendeurs éternelles.

Perrine avait été frappée d'un coup d'apoplexie foudroyante; elle ne put, avant de mourir, que prononcer quelques paroles inintelligibles, parmi lesquelles Edouard, qui ne l'avait pas quittée, entendit les mots de Vaugirard, sept et Madeleine. Elle expira sans en dire davantage.

Il réfléchit quelques moments à ces mots, et comprit qu'elle avait voulu lui apprendre sa demeure.

Il courut à Vaugirard; mais où, comment trouver la maison précisément. « O Madeleine, disait-il pendant le chemin, je vais donc vous revoir. Cette fois oserez-vous quitter le seul ami qui vous reste au monde. » Il courait comme un fou sans raisonner où il allait. Enfin il prit la rue de Vaugirard et entra dans toutes les maisons dont les numéros comptaient un 7. Au numéro 7, c'était un autel appartenant au marquis de***; 17, c'était une grande et vaste maison où il se perdait en soins inutiles. Pas de jeune fille seule habitant les appartements du haut. Au premier, leur vaste et magnifique étendue empêcha seulement Edouard d'y pénétrer. Il pensait bien que Madeleine n'était pas au milieu d'eux. Enfin, comme il allait sortir de cette maison, le concierge lui dit : « Mais, monsieur, je me trompais; si, il y avait une jeune personne qui logeait ici depuis cinq mois environ. Elle était seule, en effet; une vieille femme venait la voir à peu près tous les jours. — C'est cela, dit-il, c'était la pauvre Perrine. — Eh bien! où est elle? — Elle est morte! on l'enterre ce soir. » Edouard sentit un froid mortel au cœur. « Comment s'appelait-elle? — Emilie Royer, dit le portier. — Ce n'est pas son nom, » dit Edouard en redescendant plus calme. — « C'est égal, conduisez-moi à son appartement. »

Le prêtre qui avait veillé la nuit auprès du corps était à genoux, récitant les prières des morts. Un cercueil recouvert d'un drap blanc, sur lequel était posée une guirlande de roses blanches, était au milieu d'une chambre propre et bien arrangée, mais où Edonard chercha vainement quelques signes de l'habitation de Madeleine. Un chevalet et un tableau furent pour lui les seuls indices qui lui firent penser que cette demeure était la sienne. Le malheureux, dans son incrédulité, allait jusqu'à mesurer de l'œil la longueur de la bière, pour la comparer avec celle de Madeleine. Il questionna le bon prêtre, mais il ne put lui donner aucune indication positive. Les noms qu'on lui avait fait connaître étaient ceux d'Emilie Royer : il n'en savait pas davantage. Aucuns renseignements ne purent lui être donnés, sinon qu'une vieille femme, qui paraissait une servante, venait chez elle tous les jours, que la jeune fille pleurait beaucoup la perte d'un vieillard qu'elle appelait souvent son père, et qu'elle était morte d'une maladie de poitrine.

En cherchant dans la chambre, il aperçut entre les mains du petit garçon du portier, qui montait avec lui, une image que l'enfant venait de déchirer, et qui était accrochée à la muraille par quatre épingles. Le nom de sainte Madeleine se lisait encore au bas de la gravure ; mais le visage de la sainte était déchiré, et Edouard ne put reconnaître si c'était cette image qu'elle avait emportée en venant chez son père. Cette torture était affreuse.

Il suivit le convoi jusqu'au cimetière, l'âme oppressée de deux sentiments qui le bouleversaient. « Elle est morte! je ne la reverrai donc jamais. Oh! disait-il un moment après, peut-être que demain mes recherches seront plus heureuses; demain, peut-être je la retrouverai. » Unique et nouvelle douleur, car celle de la mort du moins n'a pas d'incrédulité !

Au moment où l'on allait placer le cercueil dans la fosse, une femme apporta un Christ que la jeune fille l'avait chargée d'enterrer avec elle. Edouard le prit et le reconnut : c'était lui qui l'avait donné. Plus d'incrédulité, c'était bien Madeleine qui était là!

Bonne sœur, je t'aimais comme un frère; je te reverrai un jour, prie pour moi!... Il ne put en dire davantage.

Sa tombe fut pendant quelque temps une des mieux tenues du cimetière. Les fleurs, dernier souvenir du vivant pour la mort, l'ornaient, en se renouvelant à toutes les saisons. Mais on ne voyait personne à son tombeau ; le sable qui était autour ne fut froissé que par les pieds du jardinier qui en soignait la culture; quelqu'un d'absent, ou mort depuis, en avait laissé le soin aux gardiens du cimetière, mais on n'y vit jamais personne la pleurer et la regretter.

Etait-ce la mort ou l'oubli ? Dieu le sait.

FIN.

LIMOGES. — IMPRIMERIE DE BARBOU FRÈRES.

www.ingramcontent.com/pod-product-compliance
Ingram Content Group UK Ltd.
Pitfield, Milton Keynes, MK11 3LW, UK
UKHW022105260726
13993UKWH00001B/330

9 782329 453392